Mark Tres

Humbug, oder?
Was nicht gedacht werden darf.

Mark Tres

Humbug, oder?

Was nicht gedacht werden darf.

Rediroma-Verlag

Bibliografische Information der Deutschen Nationalbibliothek:
Die Deutsche Nationalbibliothek verzeichnet diese Publikation in der Deutschen Nationalbibliografie; detaillierte bibliografische Daten sind im Internet über http://portal.dnb.de abrufbar.

ISBN 978-3-98527-245-7

www.rediroma-verlag.de
9,95 Euro (D)

Inhalt

Bedienungsanleitung

„Eine Bedienungsanleitung für ein Buch?" werden Sie sich als Leser dieser Zeilen fragen. Seit wann gibt es denn so etwas? Wir sind es gewohnt, dass fast alle Dinge in unserem Leben mit Bedienungsanleitungen, Pflegehinweisen und auch mit den herausragendsten Eigenschaften geliefert oder ausgeschildert werden. Wer eine neue Mikrowelle ersteht, bekommt eine Kurzanleitung mit auf den Weg, die normale Anleitung, die die hervorragenden und insbesondere neuen Gadgets des Geräts ausführlich erklärt, und wenn es sich um ein Markengerät handelt, oft sogar noch ein Rezeptheft mit Zubereitungshinweisen besonders für dieses Modell maßgeschneiderter Köstlichkeiten. Selbst beim Kauf alltäglicher Gegenstände, wie Bergschuhen, bei denen es weiß Gott keiner Anleitung bedürfte, kommt ein Flyer mit, der Schnürungsvarianten beinhaltet, besondere Pflegehinweise, und ausführlich den Sohlenaufbau erklärt und damit nachvollziehbar machen will, in welchem Gelände dieser Schuh seine besten Eigenschaften ausspielen kann.

Warum also keine Bedienungsanleitung für ein Buch? Darin könnte aufgeführt sein, dass Sie das zur Hand genommene Werk am besten sitzend auf einem Deckchair am späten Nachmittag lesen, während Ihr Nilkreuzfahrtschiff gemächlich an Memphis vorbei schippert. Oder dass Sie dieses Buch idealerweise nicht mit leerem Magen lesen sollten, denn das könnte aufgrund der verführerisch dargestellten Speisen in einem Kochbuch zu Magenkrämpfen oder Heißhungerattacken führen.

Das klingt nach Humbug, nach Dingen, die man in Wahrheit nicht braucht, und doch stellen wir diesem Buch eine Bedienungsanleitung voran. Diese Bedienungsanleitung gibt aber keine Empfehlung, wann und unter welchen Umständen Sie diese Seiten lesen sollen. Sie bezieht sich ausschließlich darauf, warum Sie in diesem Buch keine Fußnoten mit weiterführenden Hinweisen zu den angesprochenen Themen finden. Es gibt einen rechtfertigenden Grund, warum weder Fußnoten noch seitenlange Literaturhinweise dem Text hintangestellt sind. Eigentlich gibt es sogar zwei gute Gründe, warum auf Fußnoten und Anhänge verzichtet wurde: Während wir in Zeiten vor dem Internet mittels der Fußnoten durch den Autor seine Gedanken besser nachvollziehen, seine Behauptungen verifizieren konnten, ist uns dies heutzutage an beinahe jedem Ort der Welt mittels World Wide Web jederzeit möglich. Der zweite Grund ist, dass mit Fußnoten, oder besser der selektiven Auswahl der Fußnoten, zwischen jenen, die der Autor anführt, und jenen, die er unter den

Tisch fallen lässt, der Leser in seiner Meinung bereits in eine ganz bestimmte Richtung geführt wird.

Dabei sind jene Fußnoten, die zu dem jeweiligen Thema nicht angeführt wurden, mindestens ebenso spannend. Bei wissenschaftlichen Arbeiten sind Fußnoten unabdingbar und zugleich Fluch, weil naturgemäß jeder Verfasser seine Position untermauern will und selbst bei Angabe von Zitaten mit widersprüchlicher Meinung werden diese in der Minderzahl sein, sonst würde sich der Autor ja selbst den Ast absägen, auf dem sein Werk bildlich gesprochen hängt.

Was diese Bedienungsanleitung dem Leser für die weitere Lektüre rund um den angeführten Humbug mit auf den Weg geben will, ist dem Grunde nach einfach: Jeder Beitrag bietet eine Fülle an unterschiedlichsten Anregungen, die sich für eine Selbstrecherche im Internet anbieten. Das gefundene Ergebnis variiert dabei je nach Suchbegriff, je nach Reihung der Ergebnisse, ja selbst je nach verwendeter Suchmaschine. Da wäre es doch einfach, gäbe es eine Fußnote, unter der man Fundstellen, weiterführende Literatur entdecken könnte, oder? Jein, ist die korrekte Antwort. Jeder Leser verbindet mit den einzelnen Themen in diesem Sammelsurium an Humbugen und eigenwilligen Ideen andere Schwerpunkte und im Sinne einer nach allen Seiten hin offenen Herangehensweise an die angesprochenen Themen ist genau jene Bandbreite erwünscht. Je mehr zu einem bestimmten Thema gegoogelt wird, desto divergierender werden die Ergebnisse ausfallen, und das ist gut so. Eine Beschränkung auf die Denkrichtung durch Vorgabe bestimmter Fußnoten würde dem eher entgegenstehen.

Und überhaupt, bevor ein Thema vertieft wird, sollte man sich selbst rund um dieses seine Gedanken machen. Erlaubt ist alles, Gedanken sind bekanntlich frei, und erst im zweiten Schritt möge jeder für sich qualifizieren, was Humbug ist, was er oder sie für denkunmöglich erachtet oder welche Sache er oder sie für denkmöglich erachtet. Dann ist es immer noch früh genug, um sich die zu diesem Thema divergierenden Meinungen aktueller und vergangener Wissenschaft zu Gemüte zu führen.

Warum wir hier ausdrücklich zwischen aktueller und vergangener Wissenschaft unterscheiden? Nun, Wissenschaft ist stets im Fluss und bei einigen der Humbug-Themen kreist die Wissenschaft in schöner Regelmäßigkeit über die Jahrhunderte hinweg zwischen möglichen Antworten und kehrt manchmal sogar wieder zu älteren Erkenntnissen zurück. Wie dem auch sei, es ist primär nur bedeutsam, sich selbst ein Bild, eine Meinung, seine Gedanken zu alledem zu machen.

Viel Spaß beim Grübeln, Abwägen, Sinnieren, und schlussendlich auf der Achterbahnfahrt der Recherche zu diesen Themen, denn das Einzige, das es bei keinem Humbug-Thema hierbei gibt, ist eine klare, unumstrittene Antwort.

Erklärung des Unerklärlichen (Vorbemerkung)

Nein, diese Zeilen sollen nicht das Unerklärliche - nämlich eigenartige, nicht zuordenbare Artefakte aus vergangen Zeiten - erklären, vielmehr starten wir den Versuch zu hinterfragen, warum das Unerklärliche dank moderner Wissenschaft nicht sachlich entschlüsselt werden kann. Es ist erstaunlich, wie logisch nachvollziehbar das Unerklärliche unerklärbar bleibt und doch eine Faszination in all jenen erweckt, die sich unvoreingenommen verschiedenen Erklärungsversuchen widmen. Diesen Redlichen sei der sprichwörtliche und im weiteren Text angeführte Lottogewinn in Form eines für sich selbst sprechenden Artefakts gegönnt. Aber seien wir gefasst, dass ein solcher Lottogewinn die Kraft hat, unsere an allen Orten und Ländern der Welt bestehende Ordnung mit einem Schlag zum Bersten zu bringen.

Das klingt fast wie der Einsatz unmenschlicher Waffen, wie er in vielen Überlieferungen als Tod und Verderben bringende Waffe der Götter bis in unsere Zeit überlebt hat. Doch nicht von realen Waffen, Gewehren, Kanonen und anderem ist hier die Rede, sondern von weitaus mehr Sprengstoff, als diese Götterwaffen jemals haben konnten: ein eindeutiges Artefakt, ein für sich selbst sprechender Beweis, würde die aktuelle Menschheit mehr herausfordern als alle bisherigen Bedrohungen. Religionen würden zerbröseln, Gräben zwischen den Nachkommen einstiger Götter aufbrechen, die Menschheit würde kein Halten und Glauben mehr kennen. Auch wenn sich gerade in jüngster Zeit die Zuläufe zu Religionen überschaubar gestalten, sind je nach Region die Religionen ein tief verwurzelter Identifikationsanker. Und egal, gegenüber welcher Glaubensrichtung man Sympathie empfindet, mit einem solchen Lottogewinn, einem für sich selbst sprechenden Beweis, würde man mit einem Schlag all dessen beraubt, was man bis dahin als gültig erachtet hat.

Im gleichen Atemzug würde sich die Frage ob dieser Erkenntnis anschließen, ob wir Menschen damit einem neuen Freund oder Feind gegenübersehen dürfen oder müssen. Auch abseits der Religionen und der sozialpolitischen, gesellschaftlichen Umbrüche würden sich Gräben öffnen: Die Erfindungen der letzten Jahrhunderte müssten ihren Erfindern, die Entdeckungen ihren Entdeckern wieder entrissen werden, weil alles längst vor Jahrtausenden schon erfunden und entdeckt war. Die Geschichte der Menschen, der Völker und ihrer Ursprünge, ihrer Verwandtschaften, ihrer Freundschaften und ihrer Feindschaften müssten neu geschrieben werden. Aus Feinden könnten Brüder kraft Abstammung werden und umgekehrt befreundete Völker sich plötzlich entzweien. Abermillionen von Büchern, Lehrmitteln und Studienrichtungen würden in ihren Grundfesten erschüttert, der Erziehung, die weitaus mehr von Religionen und deren Theorien beeinflusst wird, als uns bewusst sind, würde der Boden, die Linie zwischen richtig und falsch entzogen werden. Und zu allem Überfluss gesellt sich zu all diesen Unsicherheiten eine neue Frage: Wozu hat sich die Menschheit entwickelt, welche Determination haben wir, steuern wir gelenkt von Zufall durch unsere Entwicklung oder sind wir gesteuert in der Entwicklung – und wenn ja, von wem, wozu?

Die Botschaften

Es gibt mehrere Ansätze, wenn wir hinterfragen, ob es Botschaften aus der Vergangenheit an uns oder die Zukunft gibt. Jedenfalls ist dieser Gedanke nicht absurd. Auch in der heutigen Zeit legen wir bewusst Botschaften für spätere Zeiten und nachfolgende Generationen ab. Beliebt ist etwa bei amerikanischen Schulen, Botschaften ganzer Klassen zu sammeln, um diese in einer versiegelten Boje am Campusgrund zu beerdigen. Nachrichten an die Zukunft mit entweder der Option, dass die Vergräber selbst, wenn sie alt und ergraut sind, diese Boje bergen können oder ihre Enkel oder Urenkel. Jeder kann so auf einfache Weise und ohne Chance auf Verfälschung überprüfen, ob seine Botschaft nach so vielen Jahren ins Schwarze getroffen hat. Die meisten der Schüler, angeleitet von ihren Lehrkräften, verewigen in diesen Botschaften zum Beispiel ihre Träume von einem späteren Leben, ihren Berufswunsch, ihre Vorstellungen wie sie später mit einer eigenen Familie leben werden, woran sie nicht erkranken möchten und anderes.

Es gibt aber natürlich auch weniger personenbezogene Botschaften, eher gleich Wünschen wie Weltfrieden, eine gerettete Umwelt, eine Abkehr von Fanatismus und so weiter. Die Botschaften für diese kurze Zeitspanne von 50 Jahren sind leicht zu hinterlegen. Man kann sie auf Papier verfassen, man kann Fotos, Audio- und Videodokumente vergraben, die Boje schützt dieselben vor vorzeitigem Verrotten oder Datenverlust durch schädliche Einflüsse von außen wie Wasser oder Feuer. Bei hinterlegten Audio- und Videodokumenten ist es allerdings schon etwas komplizierter, als bei Papierbotschaften. In unserer schnelllebigen Zeit ist keineswegs garantiert, dass wir in 50 Jahren noch geeignete Gerätschaften besitzen, um diese Audio- und Videodokumente wieder zu geben. Noch kurz vor der Jahrtausendwende gab es sogenannte Disketten im 5 ¼ Zoll- und 3 ½ Zoll- Format. Schon jetzt würde es einer Odyssee gleichkommen, für diese Speichermedien passende Abspieler zu finden, geschweige denn, die dazu nötige Software. Die Audio- und Video-Codecs haben sich längst weiterentwickelt und in den wenigsten Fällen sind diese Codecs über so lange Zeit lese- oder schreibkompatibel. Da lohnt es sich, bei der Wahl des richtigen Dokumentationsmittels auf möglichst einfache Mittel zurückzugreifen, die sich schon bisher über längere Zeiträume bestens bewährt haben. Nur so ist davon auszugehen, dass diese Archive auch in vielen Jahren noch gelesen werden können. Dennoch ist das keine Garantie. Wenn sich im Laufe der Zeit die Besiedlung ändert, andere Völker die Gegend bewohnen, sind die Notizen, die dereinst vergraben wurden, vielleicht zwar erkennbar, weil mit Papier und Stift verfasst, doch die Sprache, in der diese Nachricht verfasst wurde, ist vielleicht längst ausgestorben oder hat sich grundlegend verändert. Wer jemals versucht hat, Texte in seiner Muttersprache aus dem späten Mittelalter zu lesen, wird nachvollziehen können was gemeint ist. Die Sätze sind anders gebaut, Wörter haben andere Bedeutungen oder sind gänzlich unbekannt und mitunter ist der Sinn dieser Dokumente nur mehr schwer zu erfassen.

Mit dieser Einleitung haben wir dabei die Probleme nur angekratzt. Zum einen reden wir bei unserer Fragestellung nicht über fünfzig, hundert oder zweihundert Jahre, sondern über 2.000, 4.000, 10.000 oder gar viel mehr Jahre. Das ist eine wesentlich längere Zeitspanne, in der nicht nur verrottbare Materialien zerfallen können, sondern sich auch geologische und klimatische Änderungen ergeben. Wo früher Land war, ist nun Meer, wo früher eine fruchtbare Ebene war, ist nun eine Wüste oder umgekehrt. Zum zweiten sind unsere heutigen Möglichkeiten der Dokumentation gegenüber diesen Zeiten im wahrsten Sinne mannigfaltig. Das hängt mit der allgemeinen Bildung (fast jeder kann lesen und schreiben) zusammen wie auch mit den verschiedenen modernen technischen Möglichkeiten, die wie oben angedeutet zwar ihre eigenen Tücken bergen, aber doch der breiten Masse zumindest für einen Dokumentationsversuch zur Verfügung stehen. Es gab aber Zeiten, wo je nach Zeitalter die Menschen weder schreiben noch lesen konnten, es gab Zeiten, wo sie dieses bei Strafandrohung weder lernen noch ausüben durften und Zeiten, in denen es schlicht an Dokumentationsmöglichkeiten fehlte, vom einfachen Papier bis zu anderen zeitgemäßen Mitteln, die sich zumeist nur ein kleiner Prozentsatz der Bevölkerung leisten konnte oder auch wollte. Es gab andere Prioritäten.

Drittens ist nicht gesagt, ob alle Zeitgenossen eine Dokumentation für spätere Zeiten überhaupt erstrebenswert fanden. Gewiss, Könige mochten ihre Siege dokumentiert wissen, aber auch das Leid jener Zeit? Oder Dinge, die man beobachtet hatte, sich jedoch nicht erklären konnte, weil sie nicht in die aktuelle Zeit passten. Würden die Urheber solcher Dinge es nicht zu verhindern suchen, dass dies dokumentiert und für spätere Generationen als Informationsbasis zur Verfügung gestellt wird?

Schlussendlich ist es viertens denkbar, dass Dokumenteure aus vergangenen Zeiten bewusst für die ferne Zukunft Nachrichten erstellten, in der

Hoffnung, lange nachfolgende Generationen würden diese entschlüsseln können und daraus vielleicht sogar Lehren, Anleitungen, Warnungen oder schlichte Ankündigungen ersehen.

Versetzen wir uns in eine andere Zeit, von der wir nicht wissen, welcher der oben angeführten Aspekte dort bestimmend war, kommen wir zu einer weiteren, für den Nachrichtenersteller unumgänglichen Frage. Wie sollte er die Botschaft angesichts solcher Schwierigkeiten erstellen? Wie sollte er sicherstellen, dass die Botschaft nicht mutwillig von Dritten zerstört wurde, damit diese Erinnerung ausgelöscht wurde? Wie sollte er sicherstellen, dass weder der Dritte noch der Zahn der Zeit ihr etwas anhaben können würde? Wie konnte es ihm gelingen, den dritten Verhinderer gar nicht erst auf die Botschaft aufmerksam zu machen, um die Chance des Überdauerns zu erhöhen und schlussendlich, wie konnte er die Botschaft auf den künftigen Empfänger so abstimmen, dass dieser den Kern seiner Botschaft erfassen können würde, die Warnung als Warnung, die Anleitung als umsetzbare, die Ankündigung als verständliche und trotz völlig neuem Kalender als datierbaren Termin interpretieren konnte. Bei unserem Gedankenspiel dürfen wir nicht vergessen, dass der Dokumenteur aus der Vergangenheit in jedem

Fall in einem völlig anderen Umfeld lebte als wir oder die späteren Finder seiner Botschaft. Frei nach dem Spruch „nix ist fix“ darf der Dokumenteur seiner Botschaft keine Annahmen zugrunde legen, die nicht auch nach tausenden von Jahren unumstößlich sein mochten. Was bleibt bei dieser Sichtwiese viel Anderes übrig, als sich einerseits auf riesige und damit ewige Steinmonumente und als zweiten Fixpunkt die Sterne und das Sonnensystem zu verlassen.

Mögen die riesigen Steinzeugnisse aus der Vergangenheit, Monolithe, Stelen und andere auch nur die Hinweistafeln auf in, um, hinter oder unter ihnen verborgene Botschaften sein, oder selbst das gewählte Medium der Dokumentation. Es liegt an uns, mit Hausverstand diese Nachrichten zu entschlüsseln.

Wie würden wir Botschaften übermitteln?

Die Ausgangssituation ist simpel. Wir leben vor zigtausend Jahren und denken uns, „wow, das müssen wir für unsere Nachwelt dokumentieren“. Wahlweise, weil uns das Erlebte so beeindruckt hat, dass wir davon nicht loskommen, weil wir zu verstehen glaubten, dass sich das Erlebte wiederholen wird, und dass es fein wäre, wenn unsere Kinder darauf vorbereitet wären, oder weil wir das Erlebte für gefährlich halten, weil wir darunter gelitten haben, vielleicht sogar viele deswegen gestorben sind und wir deshalb die Nachwelt und unsere Kinder oder Enkelkinder vor diesem Ereignis dringend warnen wollen. Wie stellen wir das an? Je nach Lebzeit halten wir Stein für etwas, das zumindest in unserer Wahrnehmung lange überdauert. Wie können wir mit Stein Botschaften übermitteln? Wir können, was mühsam sein kann, Stein bearbeiten, gravieren, brechen, schleifen. Das klingt nach einer lang haltbaren Variante. Den gleichen Stein können wir gruppieren, zu Bauwerken auftürmen, als Zeichen an einem bestimmten Ort positionieren. Auch das beinhaltet die Möglichkeit einer Information: Der Stein kann aus seinem natürlichen Umfeld deportiert werden, eine ungewöhnliche Lage oder eine bestimmte Ausrichtung eingenommen haben. Gleiches gilt für Steingruppen und ganze Bauwerke: Der Ort des Bauwerkes, die genaue Position, die Ausrichtung die Art der Gruppierung, all das kann Teil der Botschaft sein.

Aber Steine, von denen wir hier sprechen sind auch Zeichen für meine Zeitgenossen, fallen diesen auf. Liegt diesen daran, meine Botschaft nicht für die Nachwelt zu erhalten, werden sie oder ihre Nachfahren meine kunstvollen Steine zerstören, sie deplatzieren und meine Botschaft zerstören.

An diesen Überlegungen wird deutlich, wie schwierig es sein mag, an dem normalen Verbleichen durch Zeit, den Unbillen der Natur und ihrer Veränderungen und Katstrophen vorbei Informationen für nachfolgende Jahrtausende zu bewahren und zu übermitteln. Dabei haben wir uns bislang auf das bloße natürliche Untergehen oder das mutwillige Zerstören der Dokumentationen beschränkt. Wesentlich raffinierter wäre jedoch der, der diese Zeugnisse vergangener Jahrtausende nicht mühevoll zerstört, sondern schlicht den Informationsgehalt verändert, neu interpretiert und damit seine Ideen als schon seit Jahrtausenden gültig untermauern und stärken kann. Mangels einer Auslegungsregel für diese Botschaften aus vergangen Zeiten ist es keine große Kunst, jene Teile, die zu modernen Ideen passen als diese begründend auszulegen und die Teile, die nicht so ideal in zeitgenössische Anschauungen passen, schlicht umzudeuten und ihnen eine neue Aussage zu geben. Gegen so eine Umdeutung ist ein Dokumenteur aus vergangenen Zeiten mit Sicherheit machtlos, möglicherweise hat er die Variante des Umdeutens bei der Verfassung der Dokumente auch gar nicht in Betracht gezogen. Warum hätte er es auch tun sollen, seine Intention war redlich, die Information nach bestem Wissen und Gewissen entsprechend dem Inhalt gestaltet. Mit Sicherheit würden sich viele Verfasser ob der heutigen Deutung ihrer Nachrichten im Grab umdrehen, würden sie die moderne Deutung und Auslegung erfahren. Und schließlich kann es aufgrund der modernen Umstände zu unbewusster Fehlinterpretation kommen. Die übermittelte Nachricht kann aus unserem Kontext heraus betrachtet zu einer völlig anderen Schlussfolgerung oder Übersetzung führen, als dies der Nachrichtenschreiber beabsichtigt hatte.

Ein Beispiel hierfür liefert ein Blick zurück um rund einhundert Jahre. Damals waren Dinge, die heutzutage jedes Kind kennt, völlig unvorstellbar, die Mondlandung galt als abstruse Science-Fiction und auch heute gängige medizinische Verfahren und Möglichkeiten lagen jenseits aller Vorstellungskraft: Wer konnte vor einhundert Jahren schon Genmanipulationen am Erbgut voraussehen oder für machbar halten. Dieser relativ kurze Zeitraum von nur rund hundert Jahren führt, ungeachtet der anderen Interpretationsschwierigkeiten und bewusster Informationsänderungen, zu Auslegungen von Dokumentationen, die heute gänzlich anders als damals lauten würden. Dies gilt insbesondere für technische Überlieferungen und Informationen, deren Wahrheitsgehalt wir erst durch Forschungsergebnisse der letzten Jahre als vorstellbar und real ansehen können. Zuvor waren diese Informationen, weil eben nicht prüfbar und unvorstellbar, menschlich verständlich, auf der Suche nach Erklärungen als Fantasie, Glaube, kultische Rituale und vieles mehr gedeutet, erklärt und gelehrt worden. Eine neue Sichtung dieser bislang gängigen Erklärungen und allenfalls Korrekturen ist nur schwer erreichbar, werden doch die Experten der jeweiligen Fachrichtungen vom ersten Tag ihrer Ausbildung an auf Basis dieser Grundlagen in ihr künftiges Fachgebiet eingeführt. Irrtümer und Fehlinterpretationen aufzudecken würde bedeuten, diese Fehler den handelnden Personen zuzuordnen. Unabhängig davon, ob der Fehler aufgrund des damaligen wissenschaftlichen Kontextes, des persönlichen, gesellschaftlichen Kontextes wie zum Beispiel einer religiösen Erziehung, oder schlicht einseitiger Betrachtung aus nur einem Fachgebiet herrührt; in allen Fällen wird es schwierig, eine Neudeutung auf den Weg zu bringen. Vergleichen wir dieses Vorhaben mit einer Aufgabe der Pathologie. Dort ergibt eine Fülle an Fakten, beginnend mit dem Hauptkriterium, dass der Patient tot ist, die höchstwahrscheinliche Todesursache. Die Fülle an Fakten ist es, die trotz der ebenso großen Fülle an möglichen Ursachen die Ursache herauszufiltern erlaubt, die höchstwahrscheinlich zum Tode geführt hat. Das ist der Unterschied: Es gibt eine Fülle an Fakten und messbaren Erkenntnissen, die mit Daten und Zahlen ähnlicher Fälle verglichen werden können. Dies ist bei der Interpretation überlieferter Dokumentationen aus der Vergangenheit nicht der Fall. Nur wenige unumstößliche Fakten liegen den Experten vor (wie der Umlauf der Sterne, wie die Altersbestimmung mittels Radio Carbon Methode). Schriftliche Überlieferungen werden von Jahrhundert zu Jahrhundert im Rückwärtsgang dünner und dünner, bis sie zuletzt auf Scherben und darin eingravierte Zeichen reduziert sind; und selbst damit reicht die Erinnerung nur rund 6.000 Jahre in der Menschheitsgeschichte zurück. Diese Bruchstücke im wahrsten Sinn des Wortes sind vom Umfang her auch keine Bibliothek von deren Informationsmenge man Querrückschlüsse ziehen könnte; sondern mangels Alternativen wurde versucht, aus den Zeichenstämmen, den Wortfamilien und deren Bedeutung in viel späterer Zeit die Informationen auf den Fundstücken zu entziffern. Dabei ist die Frage, ob diese Informationen überhaupt zur Vermittlung an spätere Generationen angelegt wurden oder ob es sich nur um Aufzeichnungen handelt, die ohne weitere Hintergedanken für die damalige Zeit angefertigt wurden, so, wie – um es an einem deutlichen Bespiel aufzuzeigen – eine heutige Tageszeitung nicht den Anspruch als exklusive Informationsquelle für das dritte Jahrtausend gelten kann. Und doch: Lassen wir dieses Gedankenspiel zu, könnte in tausenden Jahren ein zufällig konserviertes Blatt eines heutigen Mediums interessante, lustige und komplette falsche Rückschlüsse auf den heutigen Tag und die gegenwärtige Zeit mit sich bringen. Hätten die Verfasser der uns aktuell bekanntesten, ältesten Scherben mit Inschriften im Sinne gehabt, die darin verborgenen Informationen für uns Nachfolgende aufzuzeichnen, hätten sie sich vermutlich um andere Informationsträger anstatt des brüchigen Tons bemüht. Hätten sie uns wichtige Informationen, Warnungen oder etwas Ähnliches schicken wollen, wäre mangels damaliger Alternativen mit Gewissheit Stein ihr Mittel zum Zweck gewesen. Stein überdauert lange Zeit, das wussten die Menschen seit jeher. Bei allen Schwierigkeiten, die die Härte dieses Materials mit sich bringt, um es nach Vorstellung des Bearbeiters zu verändern, stand dem doch die Gewissheit gegenüber, ein Werk allenfalls für sehr lange Zeit zu schaffen.

Zeitreisen wir doch mal

Sie kommen in unzählbar vielen Filme, Büchern, Comics und Computerspielen vor, die Zeitreisen. Dabei finden die Autoren dieser Unterhaltungsgenres stets interessante Ansätze, wie und warum Zeitreisen denn möglich sein könnten. Allen diesen Genres gemein ist ein Problem im Zusammenhang mit den Zeitreisen, nämlich die Option durch Veränderungen in der Vergangenheit die Zukunft zu beeinflussen. Daher sind wir vielleicht gar nicht so betrübt darüber, dass es Zeitreisen nicht geben kann, schließlich müsste man schneller als das Licht reisen. Dass das nicht funktioniert und wir uns auf dem Weg zur Lichtgeschwindigkeit in Atome oder Energiewellen auflösen – und man müsste ja zweimal diese Reisegeschwindigkeit anstreben, nämlich in die Vergangenheit und wieder zurück –, macht Zeitreisen zu einer wenig attraktiven Reiseform. Wer löst sich schon gerne auf?

Dazu kommt noch das leidige Problem, dass wir in der Vergangenheit nur ja bloß nichts verändern dürften, denn wer weiß, folgen wir der von Jeff Goldblum in Jurassic Park zitierten Chaostheorie, könnte schon die kleinste Einflussnahme dazu führen, dass man selbst gar nicht erst geboren wird, weil die Zukunft einen anderen Verlauf genommen hat. Vielleicht. Man könnte Zeitreisen aber auch anders betrachten. Legen wir der Idee doch einmal zugrunde, dass das Leben seit Anbeginn so etwas wie ein laufender, dauernder Stream ist. Stellen wir uns unser Jetzt und Hier als Bildfolge eines Streams vor. Wir wissen aus den Tagen des guten alten Videobandes, dass man Filme vor- und zurückspulen kann. Das funktioniert heutzutage auch mit gestreamten Filmen. Wir können einen Stream anhalten, an einen anderen Startpunkt zurückkehren und eine gestreamte Folge, einen Film, ab da noch einmal genießen. Ändert sich dadurch der Film? Kann es sein, dass der Mörder im Agatha-Christi-Krimi beim zweiten Stream ein anderer ist? Natürlich nicht, denn wir wissen, es ist ein Film, der als Ganzes vorliegt und der daher nicht veränderbar durch einen späteren Start wird. Es ist sogar möglich, den Film ohne Weiteres rückwärts, schneller vor- oder zurücklaufen zu lassen und dabei ändert sich nichts an der Geschichte, geschweige denn am Ausgang des Krimis.

Diese Tatsache führt zu einer endlos führbaren philosophischen Betrachtung: Ist unser aller Leben ein unveränderlicher Stream, sind unsere gedacht freien Entscheidungen ohnedies schon getroffen und ist unsere freie Entscheidung jene, die im Lebensstream sowieso festgeschrieben steht?

(Die Diskussion der freien Entscheidung möge in einem anderen Buch ausdiskutiert werden.) Wenn es den einen Lebensstream gibt, den wir im Glauben an eine freie Entscheidung unsererseits nur so erleben können, wie er längst determiniert ist, dann entfällt bei dieser Überlegung das Problem oder die Furcht, durch eine Reise in die Vergangenheit etwas verändern zu können. Ohne dieses Problem scheint eine Zeitreise sofort ungleich attraktiver. Wir müssten nicht mehr fürchten, durch eine unbedachte Handlung in der Vergangenheit, und sei es nur das Wegpusten eines Schmetterlings, uns selbst in der Zukunft zu eliminieren. Setzen wir unsere Existenz als Stream fest, wird es verständlich, wie es gehen könnte, in die Vergangenheit zu reisen: Wir überholen das Licht mit doppelter Lichtgeschwindigkeit und reisen so lange dem in die Unendlichkeit gestrahlten Abbild unseres Streams hinterher, bis wir die Stelle gefunden haben, die wir in der Vergangenheit erreichen wollten. Wir können vor- und zurückspielen und würden immer den gleichen, weil konsistenten Lebensstream sehen. Wir könnten die Dinosaurier aussterben, Atlantis untergehen sehen oder Dschingis Khan beobachten, wie er sein Reich erstreitet. Reisen wir dann wieder in die Gegenwart zurück, wären wir um sicher interessante Informationen reicher, aber es hätte sich nichts verändert. Der Stream wäre gleich wie zuvor und natürlich hätte der Stream unseren kleinen Ausflug auch im Plan gehabt.

Es bleibt das Problem des Auflösens mit Erreichen der Lichtgeschwindigkeit (bzw. schon kurz davor). An diesem Problem gilt es noch zu tüfteln. Aber gab es da nicht eine Idee mit der Krümmung des Raumes und dem Durchgang durch ein Wurmloch?

Paradoxes Finderglück

Fremde Dinge, die noch dazu vielleicht seit Jahrhunderten herrenlos sind, üben auf Menschen eine nahezu magische Anziehungskraft aus. Zumindest sofern von diesen Dingen keine weitere Gefahr auszugehen scheint. Wenn wir uns vor Augen führen, dass Hinterlassenschaften einstiger Hochkulturen, die verlassen und verloren im Dickicht eines Waldes, im Dunkel einer Höhle oder wo auch immer von nachfolgenden Generationen gefunden werden, dann drängen sich diese Fundstücke geradezu auf, mitgenommen zu werden. Auch wenn der ursprüngliche Verwendungszweck gar nicht mehr bekannt ist, oder der Zweck zwar bekannt, aber die Funktionalität verloren gegangen ist oder die richtige Bedienung nicht mehr bewerkstelligt werden kann, so üben diese Relikte mit Gewissheit eine starke Anziehung für spätere Generationen aus. Möglicherweise haben solcherart gefundene Gegenstände die Basis für diverse Herrscherfamilien gebildet, weil der Finder des Reliktes damit etwas Besonderes, etwas von allen Begehrtes oder sogar etwas von vielen Gefürchtetes besaß.

Für unsere Überlegungen spielt das nur subsidiär eine Rolle und doch bedeutet dies für uns, dass ein Relikt schon mehr als nur gut verborgen sein musste, um es unentdeckt bis in unsere Zeit zu schaffen. Hier kommt die in der Überschrift angesprochene Ambivalenz, die Wechselbeziehung, ins Spiel. Die Wechselbeziehung, die wir als These aufstellen, lautet, dass ein Artefakt umso leichter bis in unsere Zeit unentdeckt blieb, je kleiner es ist. Selbst wenn wir theoretisch annehmen, dass die Relikte der vergangenen Zeiten aus unverrottbarem Material waren, sohin die Jahrtausende unbeschadet überdauern konnten, so würden wir dennoch kaum Unentdecktes, Wertvolles im Sinne der Altertumsforschung entdecken können, denn alles irgendwie Nutzbare (nicht nur Gebrauchbares) von nicht winziger Größe hätten längst unsere Vorfahren für deren Zwecke verwendet. Der Umkehrschluss legt nahe, dass wir selbst unter der Annahme, nichts verrottet, nichts vergilbt, nichts zerfällt durch Rost oder andere Zähne der Zeit, höchstwahrscheinlich kaum eine Chance haben, etwas Bedeutsames aus lange zurückliegenden Zeiten zu finden. In der Realität gibt es aber praktisch keine Materialien, an denen der Zahn der Zeit nicht mit Vehemenz, mit pro Jahrhundert oder Jahrtausend zunehmender Sicherheit alte Relikte zerstört. Die Chance, etwas aus längst vergangener Zeit zu finden, ist daher denkbar gering, besonders wenn die Erwartungshaltung etwas Großes oder gar überraschend Funktionales erhoffen lässt. Tatsächlich müssen wir froh sein, winzige Relikte aus jenen längst vergangenen Tagen in gut versteckten Positionierungen zu finden, die bisher niemand entdeckt hat oder für die sich schlicht niemand interessiert hat – Unbedeutendes eben. Aus diesem Unbedeutendem Beweise für einstige Hochkulturen abzuleiten, ist ungeachtet der bereits ausgeführten Probleme der Auslegung sehr schwierig. Daher darf es uns auch nicht wundern, wenn trotz vielfältiger Bestrebungen eindeutige Beweise aus untergegangenen Hochkulturen zu finden schlicht ein Glücksfall ist, ein Lottosechser. Wenn angesichts der bekannten Seltenheit von Lottotreffern die Auslegungsdifferenzen oder gar die bewusste Unterdrückung der Beweise noch hinzugerechnet wird, dann wird schnell ersichtlich, warum trotz unserer modernen Forschungsmethoden kaum nachhaltige Beweise versunkener Kulturen zu finden sind.

Die Säule von Birghinam

Sie steht inmitten des Ortes Birghinam, ist einmal abgebrochen und wird als besonderes Relikt verehrt. Ihre Außenseite zieren Gravuren, die nicht seriös interpretierbar sind, und doch birgt die Säule ihr wahres Geheimnis im Inneren. Anders als alle anderen Metallgegenstände überdauerte die Säule von Birghinam ohne Rost oder andere Zeichen der nagenden Zeit vermutlich Jahrtausende. Das Geheimnis, das diese Eigenschaft trotz rostförderndem Klima verursacht, ist die messtechnisch belegte Reinheit des Metalls. Die Säule besteht aus einer nirgendwo sonst auf unserer Erde verwendeten Metallzusammensetzung in einer selbst zu unseren Zeiten nur höchst schwierig herstellbaren Reinheit. Woher stammt die Säule? Niemand kann diese Antwort mit Sicherheit geben und auch die Frage nach dem ursprünglichen Zweck kann nicht beantwortet werden. Sollte jemand – so überhaupt möglich – den Aufwand für die Herstellung dieser Säule zum Zwecke eines Ritus oder einer Anbetungsstatue auf sich genommen haben? Möglich, aber wahrscheinlicher ist, dass die Säule einst einem ganz anderen Zweck diente. Entsprechend unserer Überlegungen im Kapitel *Paradoxes Finderglück* ist die Säule nicht nur ein Lottotreffer, sondern hatte mit großer Wahrscheinlichkeit früher eine ganz andere Verwendung. Wir können nur spekulieren, wozu die Säule ursprünglich hergestellt wurde: Vielleicht war sie eine Achse eines riesigen Gerätes, eine Elektrode in einem Galvanisierungsbad oder Teil einer riesigen Stromquelle oder eines Stromspeichers, ein ausgetauschtes Teil, das seinerzeit achtlos weggeworfen und Jahrtausende später entdeckt wurde. Vom ursprünglichen Zweck, dem Gerät, in dem sie als was auch immer diente, war keine Spur mehr zu finden. Also haben die Entdecker der Säule diese geborgen, passend zu alten Überlieferungen als wertvolles Relikt aufgestellt. Eventuell haben sie auch begonnen, die Säule zu verzieren, zu gravieren und so die Säule zu einem Objekt der Verehrung zu machen, weit entfernt von ihrem ursprünglichen Zweck. Seither steht die Säule im Zentrum der Verehrung, manchmal mehr, wenn aktuelle Religionen diese integrieren, manchmal weniger. Erneut sind viele Jahrhunderte oder gar Jahrtausende ins Land gezogen und nun nehmen wir uns der Säule mit modernen Methoden an. Was werden wir finden, was konnten wir finden: eine hochreine Metallsäule, über und über mit Gravuren verziert und dazu passenden, Jahrhunderte zurückreichenden Geschichten über ihre Anbetung und Verehrung als Unikat und Besonderheit. Beides ist diese Säule unzweifelhaft und ebenso unzweifelhaft ist, dass wir trotz redlichen Bemühens bei der Suche nach der wahren Bestimmung der Säule kaum eine Chance haben, diese je zu finden: eine hochreine Metallsäule aus vergangen Jahrtausenden längst verblichener Kulturen, das kann nur Humbug im besten Wortsinn sein, da liegt die Deutung einer wesentlich jüngeren, den Gravuren entsprechenden Verwendung als Anbetungsgegenstand schon eher auf der Hand und passt deutlich besser in die uns allerorts vermittelte Geschichtsschreibung.

Altern des Ichs

Allen Wünschen zum Trotz und entgegen aller durch die Pharmaindustrie und moderne Medizin geschaffenen Hoffnungen altern wir Menschen unaufhörlich. Jede Stunde, die wir verbringen, jede Minute, ja jede Sekunde ist darauf ausgelegt, uns unserem natürlichen Ende näher zu bringen. Das Alter erschleicht sich geschickt die Oberhand in jedem von uns. Die Freude in jungen Jahren, endlich selbst entscheiden zu dürfen, Filme ab achtzehn sehen zu können, offiziell rauchen und trinken zu dürfen, ein Auto zu lenken (was sich in Kombination mit Letztgenanntem nicht empfiehlt), schlicht, das Leben in der Hand zu haben, geht schleichend unbemerkt dazu über, das einen das Leben in der Hand hat.

Doch schon in jungen Jahren ist klar, es gibt verschiedene Ebenen des Alters, die sich ganz bestimmt nicht parallel entwickeln. Die körperliche Ebene eilt der geistigen voraus. Kinder sind hochgewachsen bis zur Schulter ihrer Eltern und verhalten sich im Zweifel emotional und rational wie Kleinkinder. Der erste Bartansatz sagt ebenso wenig über die geistige Reife wie das Wachsen der Brüste. Soweit dürfte für jeden die unterschiedliche Entwicklung zwischen Körper und Geist nachvollziehbar sein. Die Entwicklung ist weder synchron noch bei jeder Person gleich. Aber damit ist längst noch nicht das eigentliche Problem umschrieben. Diese beiden Aspekte, die körperliche und geistige Reife legen zu dem jeweiligen Ist-Stand die Basis für das Ich. Das Ich baut auf diese Reifestände auf, zumindest in der ersten Lebenshälfte. Es kann in dieser Phase zu Überschätzungen und Unterforderungen angesichts des Entwicklungsstandes kommen, doch es herrscht ein stetiger Angleichungs- und Abgleichungsprozess. Auch das Ich altert, gewinnt an Erfahrungen, macht Erkenntnisse. Irgendwann, im Laufe des Lebens, passiert dann etwas höchst Unerwartetes. Das stete Feedback zwischen Körper und dem kognitivem Teil, unserem Gehirn, beginnt nachzulassen. Paradoxerweise setzt diese Dissonanz zu einem Zeitpunkt ein, zu dem der Körper als auch das Gehirn beginnen, erste altersbedingte Schwächen zu zeigen. Kleine Schwächen, deren Ursache vom Ich nicht auf das zunehmende Alter geschrieben werden, die objektiv betrachtet aber genau dessen Tribut sind. Drei Entwicklungslinien, die beginnen, zunehmend auseinander zu driften. Wir altern. Der Körper beginnt uns mit ersten Ausfallserscheinungen zu signalisieren, wir mögen (durchaus im Wortsinn) kleinere Schritte machen, von riskanten Aktivitäten absehen und uns besser um unseren Körper kümmern. Unser

Gehirn beginnt Details zu vergessen, verarbeitet Informationen langsamer, kommt bei komplexen Fragestellungen zunehmend ins Schwitzen. Objektive Gründe, um über verschiedenste Dinge des Lebens zu reflektieren, möchte man meinen. Doch was macht das Ich? Es altert in ungleich anderer Weise. Es verharrt nämlich an einem nicht näher definierbaren Punkt in der Vergangenheit. Es erkennt im Spiegelbild einen ihm immer fremder werdenden Körper. Es erhält zunehmend weniger und langsamere Informationen aus dem Gehirn, doch dieses Faktum wird schlichtweg ignoriert. Ab einem bestimmten Alter schottet sich das Ich ab und ignoriert sämtliche Indices, die logisch bedacht zu einer Aufgabe bislang ausgeführter Tätigkeiten führen würden. Der Körper altert, das Gehirn altert, doch das Ich bleibt alterslos. Es beharrt auf seine Autonomie, besteht auf sein Recht, selbstbestimmt zu sein, auch wenn die um diese Selbstbestimmtheit auszuübenden, dazu eingehenden Informationen und/oder die dazu nötigen körperlichen Voraussetzungen nicht mehr gegeben sind. Der Körper wüsste dies, das Gehirn wüsste dies, doch das Ich blockt diese Informationen zuverlässig ab. Eine Art Selbsterhaltungstrieb, oder eine Art Realitätsverweigerung, je nachdem, welche Bezeichnung man als freundlicher erachtet. Das Ich scheint sich dessen gar nicht bewusst zu sein, daher kann dem Ich auch kein Vorwurf gemacht werden. Die Wahrnehmung der körperlichen und geistigen Signale ist durch so etwas wie eine sprichwörtlich rosarote Brille erschwert, wenn nicht gar ganz unterbrochen. Gelänge es, dem Ich den Zugang zu diesen Informationen wiederherzustellen, dann wäre zwar dieses Problem gelöst, aber dann müsste man sich einer anderen Problematik stellen: Wie viele Ichs würden angesichts der mit jedem Jahr zunehmenden Beeinträchtigungen frühzeitig die Lebensfreude verlieren? Vielleicht ist es genau die Angst vor dem dann vielleicht bevorstehenden Verlust an Lebensfreude, die dem Ich rechtzeitig in der Mitte des Lebens rät, die Realitätsinformationen des eigenen Avatars zu kappen.

Crisp, die Genschere

So ziemlich jeder in der nördlichen Hemisphäre kennt die bunten Klemmbausteine, mit denen Kinder bunte Welten, vom Raumgleiter bis zur Westernstadt, von der Großstadt bis zu Fantasiewelt erschaffen. Fahrzeuge, Maschinen, ein bunter Mix an Erlebniswelten. Das Geheimnis der Vielfalt dieser Klemmbausteine und der aus ihnen geborenen Welten, Spielideen und Gebilden liegt in der beinahe unerschöpflichen Kombinationsmöglichkeit der einzelnen Steine untereinander. Nicht nur die Farben, auch die Arten lassen sich unendlich aneinanderheften und ebenso leicht wieder lösen. Konstruktionen jedes beliebigen Sets lassen sich mit anderen Sets mischen, gänzlich ungeachtet der Themenwelten. Selbst wenn angesichts moderner Computersimulationen diese banale Art des Spielens vielleicht gerade etwas ins Hintertreffen gerät, so ist dieses Grundkonzept wie kein zweites geeignet, uns als Vorlage für die nächste Überlegung zu dienen: Brechen wir die Organismen auf unserer Erde auf ihre kleinstmöglichen Einheiten herunter, landen wir unweigerlich bei den Genen, der doppelten Helix in der laut aktuellem Stand der Wissenschaften alle uns bekannten Geschöpfe wie in einer Art Bauplan gespeichert sind. Die Gene legen fest, welche Zellen welche Organe ausbilden, wie diese zueinander funktionieren, und doch basieren diese Grundstrukturen Lebewesen übergreifend aus denselben Bausteinen. Das gesamte Feld der Genetik, der Helix und der darin gespeicherten Informationen legte in den letzten Jahren einen unglaublichen Siegeszug quer durch viele Wissenschaftszweige hin. Das betraf nicht nur die Erkenntnisse, wie die Informationen hinterlegt, sprich, gespeichert, sind, sondern auch, wie es möglich ist, diese Informationen zu verändern.

Mit der sogenannten Chrispschere ist es schon jetzt ein Leichtes, in diesen Bauplan einzugreifen und bestimmte Veränderungen vorzunehmen. Noch ist die Wissenschaft weit davon entfernt, alles nach Lust und Laune verändern zu können. Dazu ist unser Verständnis der Materie noch zu oberflächlich. Wenn wir in einigen Jahren hier noch weitere Möglichkeiten haben werden, und damit auch Mittel und Wege, auf einfachste Art und Weise einzelne genetische Schalter zu steuern, ganze Gengruppen samt deren Funktion austauschen, verändern und verpflanzen zu können, dann sind wir am Weg der Klemmbausteine. Wenn es keine medizinisch-wissenschaftlichen Hindernisse mehr gibt, Gene und in weiterer Folge daraus gewachsene Organe mehr oder weniger spielerisch miteinander zu verbinden, zu tauschen, zu ergänzen, zu verändern, was wird dann passieren? Natürlich werden nicht nur die einzelnen Funktionen optimiert werden.

Analog zu den Kindern mit den Klemmbausteinen ist der Weg hin zur Vermengung verschiedener Settings ein kurzer. Wenn wir gewiss sind, dass keine nachfolgende Abstoßreaktion unser Endprodukt vernichtet, was uns bislang an der Entwicklung desselben hinderte, dann werden wir auch Mischwesen erschaffen. Vielleicht, weil wir glauben, ein Wesen solch einer besonderen Kreuzung brauchen zu können, vielleicht einfach nur, weil wir es können oder wir uns von solch einer Kreatur unterhalten fühlen. Wenn jegliche technischen Barrieren samt der Sorge um das Misslingen einer Kreuzung keine Rolle mehr spielen, wird es auch keine haltbaren, moralischen oder ethischen Schranken mehr geben können. Wir werden uns plötzlich in einer Welt wiederfinden, die sich frappant mit alten Geschichten und Überlieferungen deckt. Pferde mit großen, adlergleichen Schwingen oder – und auch hierbei wird es dann kein Halten mehr geben – mit einem Oberkörper eines Menschen. Das klingt aus jetziger Sicht wie ein weit entfernter, theoretischer Ansatz, aber die Wissenschaft in diesem Bereich ist schnell. Die Anfänge werden Züchtungen sein, die Vorteile versprechen, vielleicht in der Landwirtschaft, parallel werden Züchtungen angestrebt werden, die Heilung von Krankheiten bei Menschen versprechen, zum Beispiel durch ein Reserveorgan, das man mitwachsen lässt, um damit bei Bedarf das durch viele die Lebensjahre belastete Organ zu ersetzen und zu guter Letzt, um menschliche Leistungen in bestimmten Bereichen zu verbessern.

Genpool, Genwanderungen

Die moderne Genetik hat in den letzten Jahren berauschende Entwicklungen bei der Entschlüsselung des menschlichen Genoms gemacht. Dies ist auch in Hinblick auf unsere Geschichte interessant. Unzählige Literatur dokumentiert von wo aus, aus genetischer Sicht, die Menschheit die Besiedelung der Erde begonnen hat. Der Startpunkt war demnach der fruchtbare Halbmond in der heutigen Gegend nordöstlich von Bagdad. Bis zu dieser Region lassen sich die heute lebenden Menschen aus nahezu allen Erdteilen zurückverfolgen. Es ist anzunehmen, dass diese Fährte in den nächsten Jahren noch detaillierter wird, sich Unklarheiten lösen und über die politischen und religiösen Landkarten der Erde sich auch genetische Abstammungskarten legen lassen. Erneut wird dies die Erkenntnis bringen, dass sich Fremde innerhalb verschiedener politischer Grenzen familiär näherstehen, als Freunde innerhalb einer politischen Region. Die Gedanken zum menschlichen Genom enthüllen aber nicht nur familiäre Beziehungen und Abstammungen, sie enttarnen auch ein anderes Mysterium: Wir tragen nicht nur unseren Bauplan in unseren Genomen, wir tragen den Bauplan unzähliger anderer Tiere in uns und die größte Frage wird wohl sein, warum ein Großteil der mit und in uns mitgetragenen Gene nach aktuellem Stand der Wissenschaften keinerlei Funktion für uns beinhaltet. Wozu befinden sich diese Baupläne dann überhaupt in unseren Zellen? Die gespeicherten Informationen sind wie ein riesiges Archiv, just so, als ob es jederzeit möglich sein sollte, aus unseren Zellen statt eines Menschen ein anderes Lebewesen zu bauen. Die bildliche Vorstellung dieses Umstandes hilft, sich vom Gedanken der Einzigartigkeit zu lösen: Wir als Menschen sind eine Konstruktionsvariante, die sich in der vorliegenden Form über Jahrtausende bewährt hat, die vorteilhafte Errungenschaften auch anderer Lebewesen in sich vereint. Wir sind kein Sammelsurium der jeweils bestmöglichen Entwicklungen. Dann würden wir wie Geparden schnell laufen können, wie Adler scharf sehen oder wie Hunde über einen herausragenden Geruchssinn verfügen. Unsere adlerscharfen Augen wären mit einem Ultraschallsystem von den Fledermäusen ergänzt und wir hätten die Ausdauer einer Hyäne. Tatsächlich sind wir aber ein gut abgestimmtes System der Mittelmäßigkeit statt der Spitzenleistungen. Andererseits unterscheiden uns unsere kognitiven Fähigkeiten von allen anderen Lebewesen, es liegen sozusagen zusätzliche Baupläne vor, die unsere Selbstreflektion, unsere Intelligenz ermöglichen. Wenn wir diese nicht als

Leihgabe aus dem Baukasten eines anderen Lebewesens bekommen haben, dann stellt sich die Frage, woher kam dieser Bauplan? Ein Fehler bei dem Übertragen der Baupläne im Laufe der Generationen oder bewusste Veränderung entsprechend der Determinationstheorie? Sind die Menschen Produkt göttlichen Designs, das Ergebnis einer bewussten Veränderung unserer Konstruktionspläne? Die Anhänger dieser Theorien stellen jegliche zufällige Entwicklung in Abrede und sehen im göttlichen Design den Beweis für die Existenz eines Überwesens.

Die gemeinsame Erinnerung

Raumschiffe jagen durch das tiefschwarze Weltall, Warptriebwerke zünden und bringen die Besatzungen monströser Weltraumgefährte in Lichtjahre entfernte Galaxien. Aliens, außerirdische Besucher in verschiedensten Erscheinungsformen, vom kleinen Grün bis zum menschlichen Duplikat mit ebenso unterschiedlichen Absichten suchen die Erde heim. Mal um uns zu knechten, mal um uns zu studieren, mal um uns zu vernichten, was mit Abstand die meistgepflegte Fantasie der kreativen Schöpfer in den Film- und Gamestudios dieser Welt ist. Heerscharen von Buchautoren und Verfasser von Artikeln haben über uns beobachtende Raumwesen, über Entführungen und ebenso dramatische Rettungen in letzter Sekunde fabuliert. In nachvollziehbaren Schüben, ja regelrechten Wellen, fluten uns Konsumenten die Kreativen dieser Welt mit immer neuen, noch hochtechnisierteren Visualisierungen von Erlebnissen und Dingen, die es zum Jetztstand unserer Technik noch gar nicht gibt. Laser- und Faserkanonen töten die Feinde, technische Prothesen ersetzen den Menschen vom Hals abwärts. Die Fülle der uns in diesen Abenteuern und Dramen vorgestellten Ideen ist kaum erschöpflich aufzählbar. Doch woher kommen diese Ideen vom Krieg der Welten, von Reisen mit Lichtgeschwindigkeit, vom Kampf mit achtarmigen Oktopoden oder von der lautlosen Levitation riesiger, interstellarer Frachter, die selbst bei ungebremstem Aufprall auf einem Planeten nur Schrammen, selten ernsthaften Schaden nehmen? Von kreativen Köpfen, von Menschen, die solche Dinge träumen, sich ausdenken und anschließend niederschreiben, Drehbücher verfassen, Buchvorlagen oder digitale Welten und Wesen in Computergames. Die Ideen befruchten sich dabei gegenseitig und schaukeln sich unzweifelhaft zu immer neuen, gesteigerten und für uns unfassbaren Vorstellungen in adrett beschriebenen und gefilmten Geschichten zusammen. Die Ideen, könnte man zusammenfassen, beruhen auf dem einfachen Prinzip, in der kreativen Welt all das zuzulassen, was unter Anwendung unserer Physik schlicht nicht möglich ist. Ein schwerer Stein kann nicht durch den Strahl einer Levitationspistole angehoben, ein kühlschrankförmiges Raumschiff nicht mit annähernd Lichtgeschwindigkeit durch unsere Atmosphäre brausen, geschweige denn außerhalb derselben auf über Lichtgeschwindigkeit beschleunigen. Das geht nicht, weil Einstein und Andere das so berechnet haben. Weil wir es nicht können und den Gegenbeweis schlicht nicht antreten können. Was wäre, wenn ein Gutteil dieser kreativen, fantastischen Möglichkeiten, technische Errungenschaften aus der Zukunft, nicht dem Zusammenspiel besonders kreativer Synapsen entspringen würde, sondern deren Erinnerung? Nicht der Erinnerung des einzelnen Individuums, sondern einer Art kollektiven Erinnerung der Menschheit? Ein Erinnerungsvermögen, das ähnlich unserem heutigen Internet ohne fixen Ort und ohne fixe Herberge innerhalb der Gesamtheit der menschlichen Synapsen seit Jahrtausenden seine Existenz bewahrt? Das auf eine uns noch nicht bekannte Art und Weise tief in unser aller Gehirn verankert ist und unter uns allen eine Verbindung erhält? Was, wenn es eine kollektive Erinnerung gibt, an so lange vergessene Zeiten, dass deren Errungenschaften gänzlich vom Erdboden getilgt wurden? Und was, wenn es einzelne Menschen gibt, bei denen die Trennung dieser kollektiven Erinnerung von der uns bewussten Erinnerung durchlässig ist, wenn es Menschen gibt, die als kreative Idee Dinge, Geschichten, technische Gadgets, soziologische Theorien, drohende Versklavung der Menschen, was auch immer, aus dieser Erinnerung auslesen und – vielleicht auch ohne sich der Herkunft bewusst zu sein – diese Ideen als ihre kreative Schöpfung in Umlauf bringen? Manche derart Kreative entsprechen durch eine winzige Aberration ihrer Gene möglicherweise nicht der programmierten Trennung zwischen eigener Erinnerung und kollektiver Erinnerung, die niemals etwas vergisst und sich daher einst famoser Zeiten oder düsterer Knechtschaft - beide mit höchsten Technologien weit über unserem Standard - erinnern können. Ein winziger Fehler in der genetisch programmierten Schranke, die unsere Wahrnehmung einschränkt. Immerhin sind die weitaus größten unserer Hirnareale ohne Nutzbarkeit für uns (und damit meine ich ganz bestimmte Zeitgenossen). Tatsächlich nutzen wir nach aktuellen Erkenntnissen nur rund 15 Prozent unsere Synapsen bewusst. Sind die restlichen Prozent durch Tätigkeiten der kollektiven Erinnerung belegt? In nicht seltenen Fällen gelingen besonders kreative Leistungen in berauschtem Zustand. Man sagt nicht umsonst, dass die besten Ideen einer solchen Phase entsprungen sind. Drücken die Rauschmittel bei entsprechender Veranlagung und passender Dosierung die Schranke zwischen der eigenen und der kollektiven Erinnerung so nach unten, dass ein Austausch möglich ist? Ist, einfach gesprochen, der im Rausch erdachte Raumgleiter eine Erinnerung an die Vergangenheit in einer hoch zivilisierten Zeit? Ist der Levitationsstrahl mehr als nur praktisches Wunschdenken, nämlich Erinnerung an die einfache Handhabe im Bau monumentaler Tempel durch dieses Gadget? Eine Möglichkeit könnte das sein, die sich mangels Beweise in Form funktionaler Artefakte nicht untermauern oder widerlegen lassen wird. Den Gedanken, der durchaus reizvoll sein kann, können wir auch noch weiter theoretisieren: Wurde die Schranke zwischen den Erinnerungen in jüngster Zeit bewusst tiefer gelegt, damit die geistreichen Ideen dieser begabten Menschen uns auf etwas vorbereiten? Sollen uns einige der vermeintlich fantasievollen Werke oder deren Gesamtheit an diese Möglichkeiten gewöhnen, uns vorbereiten auf neue Technologien oder uns davor warnen?

Wenn unsere Entwicklung einen Kreislauf darstellt, dann wohl eher Letzteres. Es könnte aber auch möglich sein, dass die einzige Aufgabe dieser visualisierten Ideen, Filme und moderner Geräte ist, uns auf ein Niveau zu führen, mit dem wir zumindest das Verständnis für Besucher aus fernen Welten und deren Technik gelernt haben. Schließlich kann uns kein grünes Alien aus den Tiefen des Weltalls mit einem Levitationsstrahl oder einem Gravitationsfaser beeindrucken, das hatten wir schließlich längst auf dem bekannten Raumschiff mit dem Vulkanier gesehen.

Vorbereitung auf die Vergangenheit

Das können wir zumindest in Ansätzen mit einem kleinen Experiment klären. Dazu brauchen wir weder Alien-Technik, noch von Kreativen ausgedachte Waffen oder Geräte der Zukunft. Wir helfen uns mit den Dingen unseres täglichen Alltags: ein Kraftfahrzeug zum Beispiel, ein Handy, eine Waschmaschine oder schlicht ein Radio. Wir benötigen nicht einmal Spitzentechnologie unserer aktuellen Zeit, um nachvollziehen zu können, was bei uns Menschen die Konfrontation mit für uns völlig unerklärlichen, weil unbekannten und neuen Dingen auslösen kann. Der Trick ist, dass wir diese Dinge nicht unseren Zeitgenossen präsentieren, sondern unseren Vorfahren. Je weiter wir in der Zeitachse zurückgreifen desto dramatischer wird die Reaktion ausfallen. Erstaunlicherweise wird es selbst bei kleinen Zeitsprüngen in die Vergangenheit bereits zu einer heftigen Reaktion kommen. Nehmen wir einen unserer älteren Verwandten, einen der ersten Homo sapiens, und präsentieren wir ihm oder ihr die oben genannten Dinge. Der Homo sapiens wird alles andere als begeistert sein von unseren technischen Gadgets. Er wird sich maximal vor den Teufelsdingen fürchten, dazu reicht schon die bloße Präsentation der Gerätschaften, zu einer Präsentation der damit möglichen Funktionen wird es gar nicht mehr kommen. Längst hat unser Versuchsmensch panisch die Flucht ergriffen. Dieses Spiel mit Versuchsmenschen aus wesentlich späteren Jahrtausenden bis wenige hundert Jahre zurück wird sich in dieser oder ähnlicher Form wiederholen. Selbst Menschen aus dem noch nicht fernen 18. oder 19. Jahrhundert werden verstört auf unsere Errungenschaften reagieren, auf Fahrzeuge ohne ziehende Pferde, von autonom fahrenden brauchen wir gar nicht erst zu reden; von Radios, die das Weltgeschehen wiedergeben oder auf Zuruf bestimmte Musikstücke anspielen, von Maschinen die Wäsche nicht nur sauber waschen, sondern deren Verschmutzungsgrad selbstständig feststellen und entsprechend reinigen; oder von den braven Helferlein, die im Haushalt selbstständig saugen und im Garten den Schafen Konkurrenz machen. Bei vielen Reaktionen wird Angst mitschwingen, manchmal sicher verbunden mit Gottesfürchtigkeit. Den Gerätschaften wird mit Respekt oder Aggression begegnet, wenn einer der Rasenmäher Kurs auf den frühen Homo sapiens nimmt, mit Misstrauen oder völligem Unverständnis, weil aus dem sonstigen modernen Umfeld gerissen die Geräte für sich keinen Sinn ergeben. Kraftfahrzeuge brauchen Straßen, Waschmaschinen Textilien und keine Felle, Radios brauchen Inhalte, mit

denen der Zuhörer etwas anfangen und diese in sein Weltbild einsortieren kann, und Rasenmäher brauchen eine angelegte Wiese und keine Grassteppe. In Summe erkennen wir rasch, dass diese Gerätschaften nicht in das Weltbild unserer Ahnen passen. Genau so würde es auch uns ergehen, wenn die uns plötzlich präsentierte Technik nur weit genug fortgeschritten ist, nicht langsam, aber kontinuierlich durch die tatsächliche Entwicklung erfunden und entwickelt, nicht bereits Jahrhunderte voraus in unseren Unterhaltungsprogrammen als State of the Art präsentiert worden wäre.
Sie zweifeln daran? Nun, es ist schwierig, das am modernen Menschen nachzustellen, denn wir sind ja bereits auf viele kommende Gadgets und Möglichkeiten vorbereitet. Die Unterhaltungsindustrie hat ihren diesbezüglichen Job dank der Kreativen gut gemacht. Selbstverständlich würden wir nicht mit der Wimper zucken, wenn uns plötzlich die Möglichkeit präsentiert würde, zwischen unserer und den Dimensionen der Toten nach Lust und Laune hin- und herzuwechseln, mit unseren Ahnen und geliebten Verstorbenen zu reden, als sei es das Normalste der Welt, weil mit dem neuartigen Neuronalinterceptor ...

Je mehr Zukunft desto weniger

Begeben wir uns auf eine fantastische Reise gerade mal 100 Jahre in eine mögliche Zukunft. Dabei dürfen wir annehmen, dass sich die Wissenschaft und Forschung in einer ähnlichen Geschwindigkeit wie in den letzten hundert Jahren entwickeln wird. Selbst wenn wir dies für unmöglich halten und nur eine weniger lineare Entwicklung für diese 100 Jahre ansetzen, so wären wir überrascht, was wir dort in der Zukunft vorfinden würden. Weiters dürfen wir annehmen, dass die schon seit einigen Jahren etablierten gesellschaftlichen Veränderungen ebenso weiter voranschreiten werden. Sie erinnern sich, dass vor der Corona-Pandemie ein junges Mädchen mit Pippi-Langstrumpf-Zöpfen durch die Welt geeilt ist, um gemeinsam mit einer zunehmenden Anhängerschar auf mehr Umweltbewusstsein, auf mehr Rücksicht und mehr Nachhaltigkeit zu setzen. Ähnliche Bewegungen, vielleicht nicht mit so starker und medialer Präsenz, hat es im Laufe der letzten Jahrzehnte immer wieder gegeben und wir wollen zu unser aller Wohl annehmen, dass sich dieser gesellschaftliche Umbruch auch in den nächsten Jahrzehnten durch- und fortsetzt. Nun wagen wir das Gedankenexperiment, diese beiden Entwicklungsstränge zu verknüpfen. Das bedeutet, dass Wissenschaft und Forschung künftig mehr und mehr nachhaltig sein werden, recyclebare Produkte entwickeln und mit Sicherheit Errungenschaften aus unserem Jahrzehnt als umweltschädlich, als Sondermüllklasse punzieren wird. Lassen wir diese Überlegung so stehen und verdeutlichen wir den Gedanken je mehr Zukunft desto weniger, wie in der Überschrift zu diesem Kapitel formuliert wurde, an einem Beispiel: Als eingängiges Exempel nehmen wir einen Menschen, der aus persönlicher Überzeugung den alltäglichen Annehmlichkeiten weitgehend die kalte Schulter zeigt. Er besitzt kein Auto, weigert sich, ein Handy zu benutzen, und lebt am Rande unserer Gesellschaft. Dieses Bild mit dem Leben am Rande nehmen wir wörtlich, denn unser Beispiel wohnt nicht in der Stadt, sondern zurückgezogen in einer selbst gebauten Holzhütte am unteren Ende eines sanft auslaufenden Berghanges. Umgeben von Wiesen und Wäldern, mit einem kleinen Bachlauf, der unmittelbar an seinem Haus vorbeiführt und ihm so frisches Wasser beschert. Seinen Stromverbrauch hat er gegen null reduziert, schließlich nutzt er keine elektrischen Geräte und für die spärliche Abendbeleuchtung um noch ein gutes Buch zu lesen, reichen zwei Solarpaneele auf dem Hausdach mit einem kleinen Akku. Wir würden diese Person als Aussteiger, vielleicht als Hippie bezeichnen, letzteres umso mehr, als er als Kleidung nur ungefärbte Baumwollsachen aus Fairtrade-Handel und -Anbau trägt. Gleiches gilt für die Herkunft fast aller seiner Haushaltsartikel und der täglichen Verbrauchsgegenstände. Bis vor kurzem galt so eine Person als Sonderling. Verstärkt sich der Trend der geforderten Nachhaltigkeit allerdings weiter, könnte diese Beispielperson bald schon als hipper Vorreiter einer neuen Bewegung gelten: Ökologisch, nachhaltig, recyclebar. Ein Vorreiter - und schon folgen seiner Lebensweise andere. Doch diese anderen wollen vielleicht nicht die gleichen Verzichte und Abstriche eingehen wie unser Beispiel. Da trifft es sich gut, dass die Wissenschaft und Forschung gerade ein biologisch abbaubares Solarpaneel entwickelt hat, mit dem sich deren Häuser decken lassen. Dass die Wissenschaft gerade eine lumineszierende Alge gezüchtet hat, die in einem Gefäß gefasst bei Benetzung mit Wasser ein so helles Licht abgibt, dass sie statt einer elektrischen Lampe verwendet werden kann, und in dieser Generation wird es einen Run auf die neuen organischen Handyhüllen geben, die robust sind, kompostierbar, ja sogar essbar, und zugleich ausreichend Strom durch Solarenergie bereitstellen, dass ein Akku nur mehr für die Nacht benötigt wird. Gut ist auch, dass dieser Akku, so wie auch der Haus-Akku nicht mehr aus seltenen Metallen besteht, sondern aus einer Salzwasserlösung, die man bedenkenlos wegkippen kann, wenn man keinen Akku mehr benötigt. Es wird etwas dauern, aber dann folgen biologische Maschinen, die nicht mehr Maschinen, sondern vielleicht Organics heißen und – es mag seltsam klingen – auf Zuruf in ihren genetisch gezüchteten Organen heißen Kaffee zubereiten. Natürlich steigt diese Generation nicht mehr in ein Auto aus Metall und Kunststoff. Wer von A nach B will, ruft über das neuronale Netzwerk aus lebenden Nervenbahnen, die wesentlich schneller als das heutige Internet sind, Sprachbefehle auf gleicher Basis, wie Menschen verarbeiten, sein Transportmittel herbei: eine biologisch abbaubare Fahrkapsel, in der statt eines Motors ein mit Kompost gefüttertes Herz Energie für den Vorantrieb bereitstellt. Diese Visionen, deren ethische Aspekte hier nicht ausgeführt werden, können für jeden Bereich unseres Alltages weitergesponnen werden. Schließen wir nun den Kreis mit unserer Eingangsbehauptung, wird schnell klar, was gemeint ist: Vor lauter Abbauarbeit, Recyclebarkeit, Organität würde von dieser fernen Generation langfristig nichts oder fast nichts übrigbleiben. Wenn tausend Jahre nach dieser Generation sich jemand auf die Suche nach Relikten aus dieser Zeit machen würde, er würde wohl nur die Skelette der Menschen jener Zeit und vielleicht manche Stützapparate (beispielsweise der Kaffeemaschine) finden, alles andere hätte sich selbst längst recycelt.

Phylos, aus Atlantis

Eine Überschrift wie gemacht für den Humbug-Titel dieses Buches, enthält sie doch mindestens zwei Undenkbarkeiten: Atlantis hat es nach Meinung der Historiker nie gegeben und liegt bei den schon querdenkenden Atlantis-Befürwortern jedenfalls in der Vergangenheit. Ein Besuch aus dieser sträubt erneut die Haare der Vernunftbegabten, denn dann umreißt der Titel nichts weniger als eine Zeitreise. Und doch, wer das von Sabine Glocker übersetzte Buch, „Phylos der Tibeter“, unlängst erschienen im Hesper-Verlag, liest, wird mit genau dieser Behauptung konfrontiert. Phylos ist demnach ein Wiedergänger, ein dereinst in Atlantis Lebender, der gegen Ende des 18. Jahrhunderts den Weg zurück in unsere Vergangenheit gefunden hat und dort dem unbescholtenen Autor Frederik S. Oliver die Buchstaben zu eben diesem Buch eingeflüstert haben soll. Frederiks Mutter hat im noch jungen 20. Jahrhundert, genau 1905, das Buch zum ersten Mal publiziert. Ein fantastischer Roman, könnte man meinen, erdacht von ihrem Sohn Frederik. Über weite Strecken eher zäh, als wie ein Bestseller zu lesen, manchmal sehr detailliert, manchmal sehr glaubenslastig, wenngleich nicht unbedingt gottesfürchtig, erzählt und uns das Buch vom Leben des

Phylos in Atlantis. Dabei malt Frederik Atlantis und die sonstigen Erdenvölker der damaligen Zeit durchweg plausibel. Und dann stirbt Phylos in Atlantis, womit die Reise durch verschiedene Sphären, Stufen des Lebens oder des Todes, je nach Betrachtungsweise, erst so richtig in Fahrt kommt. Am Ende schließt sich der Kreis, doch eines bleibt dem Leser verborgen: Wie konnte Phylos am Ende als Zurufer dieser Geschichten in unsere Welt zurückkehren?

Zwei Besonderheiten dieses Buches empfehlen sich für die weitere Behandlung im Rahmen unserer Humbug-Sammlung. Der Umstand, dass die Geschichte Phylos aus der Anderswelt diktiert wurde, ist erstaunlicherweise nicht dieser Anlass. Es geht vielmehr um die im Buch dargelegte Behauptung der verschiedenen Nach-Tod-Erfahrungen. Phylos spricht von drei Wesenszuständen, erwähnt parallel zu unserer Wahrnehmung existierende Welten, die nach dem Verlassen unserer bekannten Dimension -dem Hier und Jetzt - durchwandert werden. Dort herrschen jeweils für uns unvorstellbare Verschiebungen von lieb gewonnenen Realitäten: Zeit ist in diesen Welten genauso relativ wie Entfernungen. Zeit vergeht hier langsam, dort rasend schnell oder umgekehrt, sodass eine lange Lebensspanne voller selbstständiger Erlebnisse in diesen Parallelwelten in unserer bekannten Erdenwelt oder in Atlantis nur ein Wimpernschlag lang war. Phylos berichtet uns von drei verschiedenen, nennen wir es, Aggregatszuständen des Körpers: Der Körper selbst, die auf gewisse Weise mit diesem Körper verbundene, aber selbstständig existierende Seele und als mehr oder weniger ewig seiende eine Art Astralseele oder Astralleib. In seinen diktierten Geschichten durchwandert Phylos diese Stationen, wobei als einzige Konstante der Verfall des materiellen Körpers diesem einen unwiederbringlichen Endpunkt setzt. Bei der Seele und der Astralseele sind weder Anfang noch Ende angeführt, deutlich macht Phylos aber, dass es zwischen diesen beiden Seelen sehr wohl einen Unterschied gibt. Da Phylos in den unterschiedlichen Stadien seiner Wanderung auch immer wieder Bekannte, Freunde und Lehrer aus anderen Parallelwelten trifft, ist davon auszugehen, dass alle gleichermaßen diese Durchwanderungen der Parallelwelten durchleben. Ob bei den beiden Seelenzuständen ein Hin und Her oder nur ein Durchwandern hin, also eine quasi aufsteigende Entwicklung möglich ist, führt er nicht deutlich genug aus, um es bewerten zu können.

Die einfache Schlussfolgerung aus der Geschichte um Phylos soll sein, dass Gutes in einer Welt Pluspunkte in der nächsten bringt, um es modern zu formulieren, und dass Missetaten gemessen am moralischen Gerüst der Religionen sich mit Minuspunkten bis hin zur Verweigerung des nächsten Levels, der nächsten Parallelwelt führen können. Das erinnert sehr an den Buddhismus mit seinen Theorien der Wiedergeburt, nur, dass in Phylos' Geschichtenwelt die Wiedergeburt nicht in derselben, sondern in einer anderen Parallelwelt stattfindet. Um die Einzelheiten, und derer gibt es in dem Buch eine wahre Fülle, die Auf- und Umstiege in den Welten oder auch der Lebensbedingungen selbst zu hinterfragen, bleibt nur die Lektüre des Buches selbst. Warum das Buch nicht als bloße Geschichten, Träumereien eines vom Glauben besessenen Autors abgetan werden sollte?

Das erklärt der zweite vorhin angesprochene Punkt, denn während Punkt eins mit den Seelen und Astralleibern, den Parallelwelten und anderem den Träumereien des Autors entsprungen sein kann, bringt uns der Autor auch eine Technikvision aus Atlantis mit, die in der Erdenwelt zu diesem Zeitpunkt noch in ferner Zukunft lag: Er schreibt von Flugmaschinen, die in Atlantis die Menschen in unglaublich rascher Zeit von hier nach da und auch zu Zielen außerhalb von Atlantis, zu den anderen Erdenvölkern, brachten. Er schreibt von Kommunikationsmitteln, die eins zu eins unseren heutigen Webkonferenzen und TV-

Übertragungen entsprechen und weiteren Dingen, die es in Atlantis gab, aber sicher nicht einmal ansatzweise gegen Ende zum Erscheinungszeitpunkt des Buches. Da stellt sich dann die Frage, ob der Autor mit seinen ersonnenen Ideen einfach Glück hatte, dass in weiterer Folge solche Geräte erfunden wurden, oder ob nicht doch ein gewisser Wiedergänger namens Phylos ihm diese Ideen als Bericht einer längst untergegangenen, hoch entwickelten Zivilisation diktiert hat.

Phylos war ein Tibeter

Materieller Körper, Seele, Astralkörper, all diese nach Phylos‘ Beschreibung unterschiedlichen Teile bilden in Form von Lebewesen ein Ganzes, das mit dem eintretenden Tod nach und nach seine Einigkeit verliert, und zum Schluss bleibt nur mehr der Astralkörper übrig. Eine interessante Überlegung, die Phylos durch Nebenschauplätze in seinem Bericht untermauert. Er spricht von Völkern, die keiner Waffen bedürfen, da ihr Geist und Wille in der Lage sind, die uns bekannte materielle Welt zu beeinflussen, zu verändern und im schlimmsten Fall den biologischen Körper außer Funktion zu setzen, die Angreifer zu töten. Mit dieser Darstellung beschreibt Phylos die Möglichkeit einiger Völker, willentlich mit dem Geist Materie zu beeinflussen, Naturgesetze außer Kraft zu setzen. Ohne auf diese Möglichkeit näher eingehen zu wollen, kann der Gedanke, schwere Steinblöcke könnten von diesen Völkern durch willentliche Aufhebung der Naturgesetze versetzt worden sein und damit ungeahnte Möglichkeiten in Bezug auf die Errichtung uralter Bauwerke eröffnet haben, ein interessantes Gedankenspiel lostreten. Aber bleiben wir vorerst bei der dargestellten Dreieinigkeit, dem materiellen Körper, der Seele und dem Astralleib und der Beeinflussung derselben untereinander.

Nachdem Phylos seinen eigenen Tod als Stück-um-Stück-Verfall beschreibt, leiten wir daraus ab, dass der materielle Körper nicht ohne die Seele oder den Astralkörper überdauern kann. Umgekehrt kehrte Phylos lange Zeit nach dem Verfall seines materiellen Körpers, in welcher Geistform auch immer, zu Frederic S. Oliver zurück, um ihm sein bis dahin schon erstaunlich langes Leben und die Erlebnisse darin zu schildern und zu diktieren. Können wir zu dieser Behauptung der Dreieinigkeit etwas aus unserer Erfahrung beitragen? Gibt es Messbares, Belegbares, das auf diese Dreieinigkeit hindeutet? Das erste, was uns einfällt und was medizinisch unbestritten zu sein scheint, ist, dass unser Geist tatsächlich Einfluss auf den Körper hat. Unklar ist, bis zu welchem Umfang diese Einflussnahme reicht. Die klassische Medizin hat längst eingeräumt, dass eine Behandlung mit Placebo-Medikamenten in bestimmten Fällen gleiche Reaktionen oder Erfolge bei Patienten auslöst wie die Gabe von chemischen Wirkstoffen, was Medikamente im Grund ja sind. Zwei Unschärfen in diesem Zusammenhang gibt es: Die Medizin belegt nicht, ob es die Gabe des nutzlosen Placebos an sich und der damit verbundene Glaube an Heilung ist, der Veränderungen bei dem Patienten hervorruft, oder die Gabe selbst in Form von Zuwendung und Aufmerksamkeit gegenüber dem Patienten diesen Effekt hervorbringt. (Der Mensch ist im Grunde ein Herdentier und soziale Distanz macht krank, was dazu führt, anzunehmen, dass soziale Nähe, Aufmerksamkeit und Zuwendung für die Gesundung hilfreich und förderlich sind.) Die zweite Unschärfe siedelt rund um das Thema Homöopathie, Globuli, Schüsslersalze und Ähnliches an. Jüngste Testreihen bestätigen nämlich trotz augenscheinlicher Wirkung, sprich Besserung des Gesundheitszustandes des Patienten, dass die Wirkstoffe in diesen Dosen und Verdünnungen eigentlich keine Wirkung auslösen dürften. Ein beliebtes Beispiel hierfür ist der Tropfen des angeblichen Wirkstoffs, aufgelöst in einer ganzen Badewanne, der eben erst durch die hohe Verdünnung eine Wirkung erzielt. Zu diesem Thema hat sich in der klassischen Medizin und der als Alternativmedizin bezeichneten Anhängergruppe ein veritabler Streit entzündet, bei dem nicht mit Samthandschuhen gestritten wird, denn es geht schließlich um Milliardenumsätze der Alternativmedizin. Wie dem auch sei, eine Wirkung bei Placebo, also ohne Wirkstoff in der Gabe an den Patienten, ist nach wissenschaftlichen Methoden messbar, nachprüfbar. Wenn die meist aus harmlosem Zucker (nicht für Diabetikern!) bestehende Pille keine Wirkung hervorrufen kann, was ist es dann, das wirkt? Ist es der Glaube an die Hilfe? Greift diese Vorstellung in die Vorgänge des aus Atomen bestehenden Körpers ein und rückt zurecht, was durch die Krankheit in Schieflage geraten ist? Das klingt nach Unmöglichem und doch muss es so sein. Der Gedanke, der Glaube, bewegt nachweislich im materiellen Körper eine Veränderung. Es gibt eine Verbindung zwischen den Formen, den Ebenen des Geistes und der Materie. Wenn wir das akzeptieren, weil nachweisbar, dann ist der Weg zur Akzeptanz zu Phylos‘ Schilderungen über jene Völker, die mit dem Geist Materie bewegten, formten, nicht mehr weit. Keinen Hinweis erhalten wir aus dieser Betrachtung, ob diese geistige Beeinflussung durch die Seele oder den Astralkörper passiert. Ja, es wird dadurch nicht einmal ein Beweis erbracht, dass es hiervon zwei unterschiedliche Formen geben müsste. Als Faktum können wir nur erkennen, es gibt einen Spirit, einen Glauben, einen Gedanken und er ist auch heutzutage noch in der Lage, Materie zu beeinflussen. Alles Humbug? Wenn diese Schlussfolgerung nicht schlüssig erscheint, gibt es auch noch andere Indizien, die neben der materiellen Körperhülle auf Formen verweisen, die durch uns nicht wahrnehmbar sind. Mit Spezialkameras ist es beispielsweise möglich, von Pflanzen, zum Beispiel Blättern, die man auf halber Höhe zerteilt hat, den abgetrennten, fehlenden Teil nach dessen Entfernung an seinem ursprünglichen Ort sichtbar zu machen. Aura nennt sich dieses Wunder der Natur. Die Kontur dieser Aura folgt dabei exakt dem nicht mehr vorhandenen Blatt. Ist das der Astralkörper des Blattes? Diese Fototechnik nennt sich Kirlianfotografie.

Kleine Schneckengewinde

Irgendwo weit im Norden der russischen Tundra fahren Sie mit ihrem Motorschlitten durch die Ebene nach Hause. Ihr Ausflug zu Tierbeobachtungen verlief enttäuschend, ein Bär, aber selbst der nur in der Ferne, ließ sich blicken, Ihre sonstigen Sichtungen waren nicht der Rede wert. Der rote Zeiger Ihrer Tankanzeige nähert sich schon bedrohlich der Leerstandsanzeige. Also halten Sie ihren Motorschlitten an, steigen ab und holen aus dem Verstaufach den Reservekanister heraus. Sie öffnen den Schraubverschluss Ihres Kanisters, aber aufgrund der dicken Handschuhe können Sie den Verschluss nicht gut greifen und er entwischt Ihren Fingern und kullert einige Meter über den vereisten Boden bis auf eine Stelle am Ufer des Naroda-Flusses, wo kein Eis den Boden bedeckt, sondern steiniges Geröll. Sie stoßen einen kurzen Fluch aus, leeren den Kanister in den Tankstutzen Ihres Motorschlittens, bis dieser randvoll ist, und machen sich daran, den Verschluss aufzuheben. Sie gehen die paar Schritte zu dem Verschluss, dessen rote Farbe sich gut gegen das Geröll abhebt, bücken sich und heben mit den Handschuhen die Kappe auf. Dabei erwischen Ihre Handschuhe auch ein paar Kiesel, die Sie schon fast abschütten wollten, als Ihnen die eigenartige Form einiger dieser Kiesel auffällt. Sie sind wie winzige Schneckenhäuser geformt, also werfen Sie sie nicht weg. Sie stellen den nun verschlossenen Kanister zurück in das Verstaufach Ihres Motorschlittens und ehe Sie losfahren, werfen Sie noch einmal einen Blick auf die Kiesel in Ihrer Hand. Eine eigenartige Form, denken Sie, und zudem sind es nicht einer, sondern gleich zwei, die trotz der Form nicht wie übliche Schneckengehäuse aussehen. Das weckt ihre Neugierde. Sie steigen noch einmal von dem Motorschlitten ab und gehen zu der Stelle zurück, wo Sie die Kappe aufgehoben hatten. Sie bücken sich und betrachten genau den Boden. Bei diesem genauen Blick erkennen Sie, dass diese eigenwillige Schneckenform zu hunderten, wahrscheinlich zu tausenden hier am Boden verstreut liegt. Trotz der Kälte ziehen Sie den Handschuh aus und drehen und wenden einige dieser Formen zwischen Ihren Fingerspitzen. Das Material fühlt sich eigenartig an, nicht wie ein Schneckengehäuse, nicht wie Stein, eher wie eine Art Metall. Sie beschließen, eine Handvoll dieser schraubenähnlichen Minigewinde mitzunehmen, schließlich haben Sie so etwas hier draußen noch nie gesehen. Zu Hause, nachdem Sie sich umgezogen haben, fallen Ihnen die Schrauben wieder ein. Sie setzen sich an den Küchentisch und drehen sie im Licht der hellen

Lampe: eindeutige Schraubenform, metallisch, wie ein Test mit einem Magneten an Ihrem Schlüsselbund ergibt. Was soll das sein?

So oder ähnlich verlief die Entdeckung von winzigen, schraubenähnlichen Gebilden aus Metall, die im Flussufer des Naroda-Flusses im Ural gefunden wurden. Die winzigen Schrauben sind zwischen 0,2 und 2 Millimeter groß und aus Kupfer und oder Wolfram, das mit Molybdän versetzt wurde. Interessant hierzu ist, dass Wolfram heutzutage aufgrund seines hohen Schmelzpunktes von 3380 Grad in der Raketentechnik und als Faden für Glühleuchten Verwendung findet. Einige der Schrauben bzw. Spiralen bestehen aus beiden Werkstoffen und entstammen einer Flussuferschicht, die sich nach geologischer Einschätzung zwischen 20.000 und 100.000 Jahren unter die Erde zurückgezogen hatte und jetzt ausgespült wurde.

Soweit die unverrückbaren, weil wissenschaftlich belegbaren Fakten. Wie diese Gebilde entstanden sind, ob natürlich, was angesichts der Metallanalyse schwer glaubhaft ist, oder auf künstlichem Weg, kann niemand erklären. Dabei müsste die eigentliche Frage ja sein, wozu dienten die schrauben- und schneckenähnlichen Gebilde, denn selbst in der Natur ist es so, dass ihre mannigfaltigen Variationen stets einem bestimmten Zweck folgen. Wozu also Schrauben?

Artefakte von Vorgestern

Ein Hammer, umschlossen von Stein, ein versteinerter Hammer, ein Zahnrad, ebenso inmitten einer Versteinerung; oder eine im Grunde hochkomplexe Maschine aus vielen Zahnrädern, geborgen aus den seichten Wassern des Mittelmeeres, der Antikythera-Mechanismus. Wer nur einen Zipfel des Lakens anhebt, das über die unglaublichsten Funde unserer Zeit gebreitet wurde, um selbige darunter zu verstecken; wird umgehend mit diesen drei Dingen konfrontiert werden. Zahllose, meist esoterische, manchmal apokalyptische, oft zumindest fantastische Geschichten über Herkunft, Beschaffenheit oder auch Zweck dieser Artefakte kursieren in einschlägigen Publikationen, vom Internet ganz zu schweigen. Theorien, die mitunter nicht abwegiger sein könnten, entspinnen sich bei dem Gedanken, dass wir etwas in Händen halten, das es nach dem, was uns die Schulbücher beibrachten, bei dem, was die aktuelle Wissenschaft uns über die Vergangenheit lehrte, gar nicht geben kann. Dieses Verneinen der Möglichkeit hindert nicht nur die faktenbezogene Auswertung dieser Funde, es hält zuverlässig wissenschaftliche, sachliche und mit Vernunft urteilende Experten und Forscher von diesen Artefakten fern. Kein Wunder, verkrümmt sich doch die verheißungsvollste Karriere jedes Zeitgeistes, wenn er oder sie sich mit solchen Artefakten auseinandersetzt. Dadurch bleibt die Vergangenheit unverrückbar so, wie wir sie kennen, und nur in Geschichten über diese Artefakte leben sich Fantasten aus und entwerfen ein anderes Bild von derselben. Was haben wir? Bleiben wir bei den vorgenannten drei Sonderlichkeiten. Mit einiger Mühe lassen sich für alle drei Relikte Erklärungen finden, die sich nicht mit unserer Schulgeschichte in Widerspruch befinden. Der Hammer ähnelt in seiner Formgebung frappant dem Ende des 18. Jahrhunderts vor allem in Amerika gebräuchlichen Hammermodell. Ein Serienhammer also, der durch eine Laune der Natur und besondere Verhältnisse bei Druck und Art des Materials in kürzester Zeit von Stein umschlossen wurde. Mehr oder weniger eine Zeitraffergeschichte, in der statt sonst tausenden Jahren lediglich einhundert Jahre reichten, um das Gestein um den Hammer und Teile des Griffs zu versteinern. Eine Möglichkeit wäre das. Ganz sicher möglich wäre es, das Metall des Hammerkopfes zu analysieren, das Alter des Holzgriffes und auch des Metalls mit modernen Methoden festzustellen. Aus der Zusammensetzung des Metalls könnte nicht nur auf das Alter rückgeschlossen werden, sondern anhand der chemischen Analyse könnte die Herkunftsregion des Erzes, ähnlich wie bei Gestein, relativ exakt festgestellt und eingegrenzt werden. Um das und viele weitere Möglichkeiten durchzuführen, braucht es zumindest zwei Akteure: Den Inhaber und Eigentümer des Hammers sowie den Wissenschaftler, der ohne Vorurteil diese Analysen in seinem Labor durchführt. Kennt der Inhaber und Eigentümer die wahre Geschichte des Hammers, könnte dies ein guter Grund sein, so einer Überprüfung zu widersprechen, zumindest wenn er wüsste, dass es sich um eine Fälschung handelt und er oder sie aus dem guten Stück Gewinn gezogen hat (zum Beispiel als Objekt einer Ausstellung oder aus verkauften Bildern desselben) oder sich schlicht gegenüber Nachbarn und Freunden damit gebrüstet hat. Der Wissenschaftler wiederum muss die mögliche Sensation einer Datierung oder Analyse auf ein Datum des Relikts weitab der Schulgeschichte genau abwägen. Postuliert er ein solcherart unmögliches Datum, werden seine Konkurrenten unter den Laboren zuallererst eine falsche Analyse unterstellen und damit seinem Labor schlechte Arbeitsqualität bescheinigen. Labore und Wissenschaftler außerhalb seiner Konkurrenz haben ebenso wenig Grund, seiner Analyse Glauben zu schenken, widerspricht sie doch allem Wissen, und zwar fächerübergreifend, und sich bestenfalls einer Bemerkung zu seinen Ergebnissen enthalten. Läuft es weniger gut, werden die Kollegen des Analysten unisono in das gleiche Horn stoßen und dem armen Wissenschaftler falsche Messungen und falsche Analysen unterstellen. Alle anderen Reaktionen kämen einem Wunder gleich. Genau die gleiche Vorgehensweise gilt im Übrigen für alle der oben angeführten Artefakte. Je nach Art des Artefakts kommt der Widerspruch zum Entstehungsjahr aus mehr oder weniger wissenschaftlichen Fachgebieten, was die Wahrscheinlichkeit einer anerkannt richtigen Datierung zur Unzeit nach Schulgeschichte noch unwahrscheinlicher macht. Man stelle sich nur vor, dass sich gegen den einen Laboranten alle anderen Laboranten, Geologen, Archäologen, Geschichtsforscher und im Falle des Artefakts Antikythera auch Mathematiker, Feinmechaniker und sogar Psychologen zu Wort melden und die Datierung in Abrede stellen. Letztere vermutlich, weil es zu so früher Zeit psychisch eine so hohe Entwicklung sowieso gar nicht geben konnte, weil die Kompetenz der Gruppe …; Im Ergebnis, weil, wenn sich alle äußern wollen, die Psychologen nicht außen vor bleiben dürfen.

Und noch eine Gruppe, deren Einfluss sich durch alle Fachgebiete erstreckt, wird sich zu Wort melden. Die jeweiligen Vertreter der Religionen, denn zerfällt die Schulgeschichte, dann kann beispielsweise bei den Katholiken die Version im Alten Testament genauso wenig Bestand haben wie das Neue Testament. Es bliebe kein Stein auf dem anderen. Aber dazu später mehr.

Gottessohn

Zu den nachfolgenden Ausführungen sei angefügt, dass es fern liegt, egal, welche Religion, egal, welchen Glauben in Misskredit zu bringen oder zu kritisieren. Durchweg alle Religionen beziehen sich auf ähnliche Fakten in der Vergangenheit, stellen bestimmte Persönlichkeiten in ein besonderes Licht und wissen von Wundertaten derselben zu berichten. Manch Autor hat sich sogar die Mühe gemacht, die in verschiedenen Religionen gleich oder ähnlich beschriebenen und aus heutiger Sicht wundersamen Dinge religionsübergreifend zu vergleichen. Ähnliche Versuche gibt es auch mit Legenden und Überlieferungen verschiedener Volkskreise, die oft, aber längst nicht immer mit der religiösen Geschichte eines Landes eng verwoben sind. Auch in Legenden und Überlieferungen finden sich höchst seltsame Dinge in oft vielen, räumlich und auch zeitlich auseinanderklaffenden Darstellungen. Zumeist wurde bei der Bewertung dieser Parallelen eine gegenseitige Beeinflussung behauptet. Nach dieser haben Völker Legenden ebenso wie Religion entwickelt, beziehungsweise haben sich Religionen unter dem Einfluss anderer Religionen aufeinander zu entwickelt, sich abgestimmt. Diese Erklärung ist der Wissenschaft aber noch längst nicht sicher genug, um die eigene Unantastbarkeit zu untermauern. Als zweite Absicherung müssen wir auf Geheiß der Wissenschaft die solcherart überlieferten Legenden und Religionen als vereinfachte Darstellung, als symbolische Beschreibung, als unspezifischen Kult sehen und keineswegs für bare Münze nehmen. Mit diesen beiden Sicherheitsschaltungen ist es heutzutage ein Leichtes, Legenden, Überlieferungen Religionen und auch Artefakte selbst oder auch das geschrieben Wort aus der Vergangenheit so zurechtzubiegen, dass unsere Schulgeschichte keinen Schaden nimmt.

Der Himmel verfinsterte sich, am Kreuz hängend rief Jesus gen Himmel: „Mein Vater, warum hast du mich verlassen?“, ehe ihn seine Lebensgeister verließen und die römischen Soldaten seinen Tod feststellten. Mit diesem Tod endete ein Leben voller Wunder, ein Leben voller Mitgefühl für die anderen Menschen jener Zeit, basierend auf den zehn Geboten, die dieser schillernden Figur unserer Geschichte schon lange vorher vorausgegangen waren. Zehn Gebote, die im Grund nicht mehr oder weniger enthalten als das Mindestmaß an Verhaltensregeln, die eine Gruppe ab einer bestimmten Größe benötigt, um sich nicht gegenseitig aufzureiben. Aus diesem Betrachtungswinkel lassen sich ganz viele der alten und neueren Bibelgeschichten deuten, als Maßnahmen miteinander auszukommen. Doch so ganz schienen die Menschen vor Christi Geburt diese einfachsten Regen nicht ernst genommen zu haben. In dem Wissen, dass diese einfachen Regeln elementar für das Zusammenleben und für eine prosperierende Entwicklung der Gattung Mensch sind, wird mit der Bezugsperson Jesus eine Bewegung ins Leben gerufen, die diese Gebote verinnerlicht und durch sein theatralisches Leben in relativ kurzer Zeit zu einer Legende, dem Ursprung einer Glaubensgemeinschaft mitsamt ihrer Unschärfen an den Rändern reift. Genau der gleiche Weg wurde an verschiedensten Orten der Erde bei unterschiedlichsten Völkern gewählt, natürlich mit anderen Protagonisten. Doch im Grunde ging es bei all diesen Grundfesten der Religionen um einfache Verhütungsmaßnahmen, die nicht mehr oder weniger als das gütliche Auskommen der Menschheit in großen, in immer größer werdenden „Herden" beziehungsweise Ballungsräumen zum Ziel hatten.

Bleiben wir bei dem eingangs gewählten Beispiel Jesu Wundertaten, seinem innigen Aufruf, sich dem Nächsten gegenüber im Sinne der zehn Gebote zu verhalten. Wer noch einige der vorangehenden Kapitel in Erinnerung hat, könnte hier den Kreis schließen. Phylos der Tibeter hat uns nicht nur erzählt, dass die Taten im materiellen

Körper die weitere Entwicklung und das Sein der Seele und des Astralleibes beeinflussen (ganz im Sinne der zehn Gebote sucht er die Reinheit im Herzen), er hat uns auch von einem Volk berichtet, das in der Lage gewesen sein soll, mit Gedanken bei Materie eine Reaktion auszulösen. Da geht es sich gleich nicht nur leichter über Wasser, es stirbt sich in Hinblick auf den wartenden Astralleib auch ungleich entspannter, um nicht zu behaupten schmerzbefreiter, theatralisch eben.

300 Jahre

Zum ersten Mal seit 300 Jahren habe ich heuer meinen Enkeln, Urenkeln, Ururenkeln ausdrücklich verboten, zu meinem dreihundertsten Geburtstag 300 Kerzen anzustecken. Schon letztes Jahr, als sie 299 Teelichter in meinem kleinen Hinterhof entzündeten, wäre durch eine kleine Unachtsamkeit fast mein kleiner Holzschuppen, der Anbau für die Gartengeräte, in Brand geraten. Außerdem musste ich in der Folge die strafenden Blicken meiner Nachbarn ertragen; von wegen Rauch, Umweltbelastung und überhaupt, zumindest glaubte ich das in ihren Blicken zu lesen, sei das Abbrennen von Kerzen oder Ähnlichem seit gut zweihundert Jahren verboten. Damit haben meine Nachbarn recht. Heuer lege ich Wert auf eine beschauliche Feier, ohne Brimbamborium, nur engste Familie, was sich angesichts der ganzen Urenkel auch ganz schön summieren kann. Sie glauben mir nicht? Doch, ich kann Ihnen versichern, dass ich dieses Jahr am 9.12. meinen dreihundertsten Geburtstag feiern werde, bei bester Gesundheit wohlgemerkt. Damit befände ich mich in illustrer Runde mit Methusalem, Ziusudra, Abraham, Gilgamesch und vielen weiteren Menschen aus der Vergangenheit. Lesen Sie ruhig nach. Vor tausenden Jahren wäre mein Alter genauso wenig ein Einzelfall gewesen wie heute. Seit es gelungen ist, sämtliche negativen, weil künstlichen Einflüsse aus der Natur zu verbannen, das Mikroplastik ebenso wie jede schädliche Emission, geht es mit der Lebenserwartung stetig voran.

Wussten Sie, dass der Mensch genetisch ohne bestimmtes Ablaufdatum angelegt ist, dass sich Ihre Körper, Ihre Zellen fortwährend erneuern, sodass Sie längst nicht mehr aus den Zellen bestehen, mit denen Sie auf die Welt kamen, geschweige denn über längere Zeit aus den gleichen Zellen? Ihre Zellen sterben unablässig ab und werden ständig durch neue Zellen ersetzt. In Wahrheit ist im Laufe eines Lebens die materielle Körperhülle tausende kleine Tode gestorben und wurde tausendfach wiedergeboren, nur eben nicht alle Zellen mit einem Schlag, sondern fortlaufend hier ein paar Hautzellen, dort ein paar Leberzellen, ein paar neue Gehirnzellen und so weiter und so fort. Der menschliche Körper unterliegt einer steten Regeneration. Schon seit Anfang des 20. Jahrhunderts suchten Wissenschaftler nach dem Grund, warum Menschen trotz stetiger Erneuerung und dem Fehlen eines generellen Ablaufdatums sterben. Als Ursachen hierfür wurden viele verschiedene Variablen ausgeforscht. Ihnen gemein, ausgenommen im Falle von Krankheit oder Unfall, ist, dass die stetige Regeneration mit zunehmendem Alter fehlerhafter verläuft, langsamer von statten geht. Ein Pech, wo die Maschine Mensch doch sonst so perfekt geplant und gebaut wurde. Kein starres Konstrukt kann der sich selbst erneuernden Maschine Mensch das Wasser reichen und doch hat diese biologische Maschine einen Fehler in ihrer Regeneration? Ja, so sieht es aus. Die Wissenschaft hat mit hoher Treffsicherheit sogenannte Telomere ausgemacht, die die Regeneration wohl steuern. Die Länge dieser Telomere nimmt mit jeder Regeneration ab, wodurch sich im Laufe der Zeit zuerst das teilweise Ausbleiben oder Verlangsamen der Regeneration in bestimmten Bereichen des Körpers einstellt. Damit werden Teile der Maschine Mensch nicht mehr vorbildlich repariert, können ihre Aufgabe innerhalb des Köpers nicht mehr zur Gänze oder nur mehr fehlerhaft ausüben, der Körper verkommt und stirbt am Ende. Die Wissenschaft hat sich mit Eifer auf die Telomere gestürzt und befindet sich mehr oder weniger in einem Wettlauf mit der Konkurrenz, wie denn die Telomere an der Verkürzung gehindert werden könnten. Wie so oft gibt es vielfältige Ansätze, um dieses Ziel zu erreichen. Die Ansätze sind ebenso mannigfaltig wie die behaupteten Ursachen, warum die verflixten Telomere ihre Aufgabe der Regeneration nicht ordentlich immerwährend erledigen. Es mangelt dem Menschen an Bewegung, er wird in warmen Häusern verhätschelt, ernährt sich mit falschen Dingen, schläft zu viel oder zu wenig und die Umwelt ist zu aggressiv, die unzähligen freigesetzten Stoffe ebnen den Telomeren geradezu den Weg, sich und den Körper in ein absehbares Harakiri zu stürzen. Wissenschaftler propagieren, man solle Nahrungsergänzungen zu sich nehmen, die die freien Radikale aus der Umwelt in unseren Zellen binden und aus dem Körper leiten. Konsequent Sport ist zu treiben, ebenso muss jegliche Art von Strahlung, und sei es die Durchleuchtung an der Kontrolle am Flughafen oder die höhere Strahlung beim Flug selbst, unbedingt vermieden werden. Den Zellen und deren Teilung soll man mit täglich einer Stunde Kühlung des Körpers unterstützen und gegessen wird natürlich nur, was biologisch gewachsen und schonend zubereitet wurde. Ein prominenter Verfechter dieses Ansatzes ist Prof. David A. Sinclair, der sich in einer Art Selbstversuch diesen Bedingungen samt der empfohlenen Nahrungsergänzung mit Niacin, Aspirin etc. unterzieht. Zeitgleich mit diesem Ansatz behauptet ein israelisches Forschungsteam von der Universität Tel Aviv, weitaus bessere Ergebnisse bei der Verlängerung der Telomere erreichen zu können, als dies Ernährung, Nahrungsergänzung,

Sport und Kühlung je könnten. Die Forscher steckten die Probanden in einen Überdrucktornister und ließen sie über neunzig Tage hinweg jeweils 60 Minuten medizinischen Sauerstoff während des Überdrucks atmen. Die vorangegangene und nachherige Telomer-Messung soll bei Blutzellen eine frappierende Verjüngung erreicht haben. Ist das der Durchbruch? Werde ich meine 300 Jahre erleben, wenn ich regelmäßig in die Überdruckkammer gehe und dort hoch konzentrierten Sauerstoff atme?

Wie haben Methusalem, Ziasudra, Abraham und Gilgamesch das gehandhabt? Bestand die Sauerstoffhülle der Erde zu deren Lebzeiten aus hochprozentigerem Sauerstoff? Galten allenfalls auch andere Druckumstände in der damaligen Atmosphäre? Ganz gewiss hielt sich die Umweltverschmutzung, die Verunreinigung der Erde, der Luft, des Wassers in regionalen Grenzen. Im Geburtsort der Menschheit, laut Schulgeschichte irgendwo im Zweistromland, herrschte sicher kein Mangel an Nahrungsmitteln, weder an Obst noch an Fleisch. Doch ergibt das in Summe schon eine so hohe Lebensspanne? Was, wenn die Menschen von damals auch eine genetische Aberration hatten, die die Telomere nicht in der heutigen Art und Weise schrumpfen ließen? Wurden die Telomere Opfer ihrer eigenen Teilung, also schlampten sie im Laufe der Zeit just bei der Erstellung ihrer eigenen Kopie?

Möglich, aber es könnte auch sein, dass sich diese fehlerhaften Telomere nicht immer in unserem Genpool befunden hatten, schließlich konnte sich die Maschine Mensch trotz aller Widrigkeiten zu einem sehr erfolgreichen Modell weiterentwickeln. Da klingt es mehr als eigenartig, dass die Evolution nicht auch dieses Manko in den Griff bekommen hätte, oder brächte das einen göttlichen Plan durcheinander? Lief dieser Plan mit den langen Lebensspannen unserer Ahnen Gefahr, durchkreuzt zu werden, sodass die Telomere umprogrammiert wurden?

Große Artefakte

An anderer Stelle unserer Ausführungen widmeten wir uns kleiner Artefakte, die sich nicht so recht in die Schulgeschichte einordnen lassen. Diese kleinen, oft unscheinbaren Artefakte haben ganz und gar nicht unscheinbare Brüder. Über den ganzen Erdball sind Zeugen der Vergangenheit verteilt, die man kaum übersehen kann. In den Felsen gehauene oder aus dem Fels geschnittene Bauwerke, monströse Bauten aus tonnenschweren Gesteinsblöcken, erhabene, riesige Statuen oder auch nur deren Köpfe, ebenfalls tonnenschwer. Riesige, aus Stein an Stein geschmiegte, aus Felsen bestehende Städte. Stadtähnliche Anlagen hunderte Meter unter der Erde bestehend aus Gewölben und untereinander verzweigten Gängen. Die Erde ist übersäht von solchen Zeugen der Vergangenheit und mit Sicherheit schlummern noch viele weitere, solcher monumentalen Steinzeugen unentdeckt in den Urwäldern, Wüsten oder auch unter dem Meeresboden. Den meisten dieser die Zeit überdauernden Anlagen ist gemein, dass sich die Wissenschaft – vorsichtig formuliert – nicht einig ist, wie sie diese Stätten einordnen soll. In vielen Fällen sind die Errichter dieser Werke ebenso unbekannt oder von Zweifeln umrankt wie der Zweck dessen, wozu die steinernen Hinterlassenschaften errichtet wurden.

Baalbeck, Machu Picchu, Göbelik Tepe, Petra, Angkor Watt, japanische Megalithen wie Sakafune Ishi, Stonehenge, Menhire in Frankreich und viele mehr bereichern die Literatur. Um jedes einzelne der genannten und auch der hier nicht aufgezählten Artefakte hat sich ein regelrechter Sumpf an Literatur gebildet, der im Großen und Ganzen nur eines beweist: Fix bei all diesen Artefakten ist nur, dass wir nichts mit Gewissheit wissen. Selbst so einfache Dinge wie die Datierungen werden kontrovers diskutiert, da die Art der Nutzung aber mitunter vom Zeitpunkt der dort lebenden Menschen abhängt, fällt mit einer unterschiedlichen Datierung auch der angebliche Verwendungszweck dem Ungewissen zu. Leider führt die Größe dieser Artefakte nicht zugleich auch zu einer entsprechenden Vielzahl an verwertbaren Überlieferungen. Genau das Gegenteil ist der Fall, just so, als würden diese Zeitzeugnisse ohnedies für sich selbst sprechen und bedürften daher keiner Erwähnung geschweige denn einer Beschreibung, wozu sie dereinst dienten.

Wer hat wann was gebaut, und wozu eigentlich? Diese im Grund einfache Frage kann bei den meisten großen Artefakten nicht schlüssig beantwortet werden. Die Wissenschaft hat dieses Problem erkannt, doch statt sich diese Blöße zu geben, wurde eine Ausrede, quasi eine Entschuldigung, ersonnen, womit zugleich die weitere Vertiefung der Fragestellung sowie die Suche nach der Wahrheit gekappt wird wie das Tau eines Schiffbeibootes, auf das man die Ratten aus dem eigenen Bootsrumpf getrieben hat. Man kappt das Tau und lässt es herrenlos über den Ozean treiben. Es wird schon irgendwo aufschlagen und bis dahin ist man es los. Sie zweifeln an dieser blumigen Beschreibung?

Dann fassen wir eines dieser heiβ gehandelten Artefakte doch als Beispiel an. Nehmen wir die aus Sicht der modernen Archäologie bestens beschriebenen und behandelten Pyramiden von Gizeh. Wahrliche Musterbeispiele an monströsen Artefakten, die unbestritten gemeinsam mit der vorgelagerten Sphinx eine sehr lange Zeit überdauert haben. Doch wie lange eigentlich? Bereits hier spaltet sich die Archäologie in mehrere unterschiedliche Versionen. Aus unserer Schulgeschichte kennen wir die größte der drei Pyramiden als Cheops-Pyramide, weil sie der Regentschaft dieses Pharaos zugeordnet wurde. Warum? Ganz einfach, weil man in ihrem Inneren eine sogenannte Kartusche mit dem Namen des Pharaos gefunden hatte. Einfach, nicht wahr? Durch diese klare Zuordnung wurde die zeitliche Entstehung der Pyramide vorerst für alle Zeit und für alle Archäologen bindend festgelegt. Dabei ranken sich um diese Kartusche, die Pinselstriche in ihrer Kammer, die als Name Cheops gelesen werden, unzählige Ungereimtheiten. Demnach sei diese Kartusche bei der Erstbegehung der Pyramide nicht nur nicht erwähnt worden, die Farbe, mit der die Kartusche gemalt wurde, soll auch ziemlich jungen Datums sein. Die offizielle Altertümer-Verwaltung Ägyptens äußert sich hierzu nicht. Diese Altertümer-Verwaltung kümmert sich redlich um immer weitere Ausgrabungen von Mumien und Sehenswürdigkeiten, gerade in jenem Ausmaß, um die darniederliegende Tourismusindustrie anzukurbeln. Flugs werden neue Särge gefunden, um Touristen anzulocken. Einem strategischen Plan um die eigene Geschichte zu erkunden, folgt dieses Land nicht.

Die sich mit den Pyramiden beschäftigenden Forscher verstricken sich in einen zunehmend skurrilen Kleinkrieg um Forschungsgenehmigungen und selbst so fundierte Versuche, mittels Roboterkameras Unentdecktem auf die Spur zu kommen, werden durch neidige Konkurrenten mit angeblich besseren Maschinen ins Zwielicht gebracht. Dabei haben wir noch mit keinem Wort über den möglichen Zweck dieser Bauwerke nachgedacht. Auch hier hat sich Wundersames getan. Vom Grab bis zur Energiemaschine, vom Sendeturm bis zum Wasserprojekt reichen die Interpretationen. Mehrheitlich wird die Pyramide als Grabmal angesehen, ihre Form und vor allem Größe sei der Zeit der Entstehung und dem Ansehen des Pharaos geschuldet. Es war eben damals üblich, den Pharao in einem solchen Dreieck zu beerdigen, es entsprach der damaligen Zeremonie, dem Kult. Zweifler brachten dem gegenüber vor, dass solche Steinmengen in dieser Gewichtsklasse wohl nicht von ägyptischen Arbeitern zu den Pyramiden aufgetürmt worden sein konnten. Rasch wurde dies widerlegt, denn mit der richtigen Technik, Holzrolle, Rampen etc., haben moderne Forscher bewiesen, dass es möglich ist, in mühevoller Arbeit solche Steine aufeinander zu schichten. Und prompt wurde ein Stein mediengerecht bewegt, um die Möglichkeit zu untermauern. Die Möglichkeit, Quader auf solche Art und Weise zu bewegen, ist unbestritten, unbestritten ist auch der Aufwand, der seinerzeit betrieben werden musste, nur um ein Grabmal zu errichten. Dabei besteht die Pyramide gemessen an anderen Artefakten aus relativ kleinen Steinen. Die Steinkolosse von Baalbeck wiegen mit 300 und mehr Tonnen ein Vielfaches und bedurften damit einer noch aufwendigeren Technik. Selbst heute ist es nur mit größten Mühen und größtem Einsatz von Schwerfahrzeugen auf befestigtem Grund möglich, solche Steinblöcke zu bewegen. Aber zur Zeit von Cheops schien das gang und gäbe zu sein. Es lohnt sich folgerichtig, die klassische Behauptung nach der Entstehung der Pyramiden zu hinterfragen. Wurden tausende tonnenschwere Steine aufgehäuft, nur um ein symbolisches Grabmal zu errichten? Hatten die Errichter wirklich nur Steinmetzwerkzeug, Rundhölzer und Taue zur Hand? In den Legenden rund um die Inka-Artefakte taucht immer wieder ein Gebräu aus dem Stamm einer regionalen Pflanze auf, mit dessen Hilfe die Steine formbar gemacht werden konnten. Erklärt das die millimetergenaue Anschmiegung der Steine in deren Mauern? Oder um nochmals Phylos den Tibeter in Erinnerung zu rufen, gab es dereinst tatsächlich Menschen, die über die Gabe verfügten, mit ihrem Geist Materie zu formen und zu bewegen?

Der Zweck der Pyramiden

Mit ein, zwei Nebensätzen haben wir bereits die Bauweise und Errichtung der Pyramiden in Frage gestellt und auch vorsichtig den Zweck als längst nicht bewiesen dargestellt. Genau jenen Zweck gilt es sich doch näher anzusehen. „Ein Grabmal" klingt gut und passt in die behauptete Zeitepoche. Andererseits erscheint der Aufwand für diesen Zweck jeglichen Rahmen zu sprengen, zumindest bei der behaupteten Bauweise mit Rundhölzern und Hanftauen. Und: Warum überhaupt eine solche Form?

In Roland Emmerichs Hollywoodfilm „Stargate" wird die Form der Pyramide übernommen als Form für ein Raumschiff des bösen Protagonisten. Ein interessanter Gedanke. Würde die Form eines zum erneuten Start von der Erde weg ausgelegten Objektes tatsächlich auf der Landeseite breit und flächig, gen Himmel jedoch spitz zulaufend, sein, um den Luftwiderstand bestmöglich zu überwinden? Natürlich würde sich eine Steinpyramide aus unserer Sicht nicht wirklich für einen Raumgleiter empfehlen. Die Technik hätte das immense Gewicht der Steinblöcke zu überwinden und da würde das Durchdringen des Luftwiderstandes wohl das geringste Problem sein. Was aber, wenn die Steinpyramiden nur menschgemachtes Abbild von etwas sind, das sich zu damaliger Zeit niemand erklären konnte? Von etwas, das den damaligen Menschen göttlich vorkam? Das würde den Versuch eines Pharaos, ganz egal, zu welcher Zeit, erklären, solch ein göttliches Gebilde für sich errichten zu lassen. Die Motivation, ein nachgeahmtes „göttliches" Gefährt zu erbauen, wäre ungleich größer und wohl auch verständlicher, als nur Steine für ein bloßes Grabmal aufzuschlichten. Leider hat der viel zitierte Autor Sitchin mit seinen Theorien über Außerirdische, die dereinst die Welt besuchten, und den von ihm darüber erzählten Geschichten diese Betrachtung sehr weit ins Abseits gerückt.

Diesen Gedanken und Ideen von Sitchin können wir jedoch ohne weiteres noch ein paar Anregungen hinzufügen. Lassen wir den Forschern unserer Tage ihre Erkenntnis, dass es sich bei den Pyramiden um Grabmale bedeutender Persönlichkeiten handelt. Hat Sitchin mit seinen Theorien die Wahrheit zumindest gestreift, könnte in den Pyramiden seinerzeit auch einer dieser „göttlichen" Besucher begraben worden sein. Die Form des Grabmales wurde zu dessen Ehren an das angepasst, womit der Besucher gekommen war, einer Pyramide. Vielleicht war es nicht allen Besuchern vergönnt, die Erde wieder zu verlassen, vielleicht erlagen einige von ihnen auf der Erde ihrem

Schicksal, mussten zurücklassen werden, vielleicht wurden einige von den Besuchern mit oder gegen ihren Willen auf der Erde zurückgelassen und beschlossen nach langem Leben angesichts ihres näher rückenden Endes, dass sie in jener Form, die sie einst hierher brachte, beerdigt werden wollten. Sie könnten auch die Fähigkeiten und technischen Mittel gehabt haben, die die Verwendung von Rundhölzern oder Tauen unnötig machte, um die tonnenschweren Blöcke zu manövrieren. Und als es mit ihnen zu Ende ging, wurden die Götter in diesen riesigen Bauwerken beigesetzt. Beigesetzt hinter ausgeklügelten Mechanismen, die ein Eindringen der Menschen in ihr Mausoleum zuverlässig verhinderten. Sitchin erwähnt in einem seiner Bücher auch einen Krieg der Götter, bei dem sich diese Besucher untereinander nicht vertrugen? Was, wenn sich die Besucher nicht mit den Menschen jener Zeit vertrugen.

Was, wenn diese Besucher, nachdem sie vielleicht sogar bestimmte Gen-Sequenzen der Menschen geändert hatten, plötzlich gemerkt hätten, dass mit uns Menschen nicht so gut Kirschen essen ist wie erhofft? Wenn sich die Menschen gegen die „Götter" aufgelehnt hätten, dann wären die Pyramiden vielleicht so etwas wie ein Gefängnis, ein Grabmal auf ewige Zeiten, um diese mächtigen Wesen, egal, ob tot oder lebendig, für alle Zeit von der Erdoberfläche in ihr schlussendliches Mausoleum zu verbannen. Unter Umständen fürchteten die Menschen diese Götter, weil sie im Gegensatz zu ihrer Lebensspanne eine noch viel längere Zeit lebten oder sich sogar nach ihrem Tode als Wiedergänger bewiesen. Sie zerstückelten diese Götter, um dem vorzubeugen, und vergruben mit ihnen jene Gerätschaften und Schreckensbringer, mit denen diese Besucher versucht hatten, sich der Erde und ihrer Menschen zu bemächtigen, in tonnenschweren Sarkophagen, umschlossen von Bauwerken mit ausgeklügelter Verschlusstechnik, nur um sicherzugehen, dass kein Entrinnen möglich wäre. Interessant bei dieser Betrachtung, egal ob Mausoleum oder Gefängnis, ist ein kaum bekannter Hinweis in einer von Professor John Greaves im 17. Jahrhundert an der Universität von Oxford publizierten Schrift namens „Pyramidographia oder Beschreibung der Pyramiden von Ägypten". Darin listet er auf Seite 638 nach minutiöser Beschreibung der Pyramiden auch höchst seltsame „Grabbeigaben" auf: rostfreie Waffen und biegsames Glas, das selbst dann nicht bricht, wenn man es biegt. Bereits Ibn Abd Albakm, der auf Geheiß des Kalifen Almamon von Babylon die Pyramide aufgebrochen hatte, hatte dereinst über wundersame Inhalte, der Natur des Menschen entsprechend, von unglaublichen

Schätzen, wie selbstleuchtenden Karfunkelsteinen, hell wie Tageslicht geschwärmt.

Vorahnung

Jeder kennt die Situation, in der man spontan die Idee hat, einen bestimmten Freund anzurufen, und just in diesem Moment klingelt das Telefon und dieser Freund meldet sich. Oder umgekehrt, man ruft jemanden an und der Angerufene erwidert ehrlich, er habe gerade daran gedacht anzurufen. Seltsame Zufälle?

Ebenso kennt jeder die Augenblicke, die für den Bruchteil einer Sekunde, unscharf aber doch wahrnehmbar, Dinge vorwegnehmen, die gleich passieren. Spielt unsere Wahrnehmung hier einen Streich? Die Wahrnehmung dieser unmittelbar darauf passierenden Dinge, die flüchtige und ebenso schnell wieder aus unserer Aufmerksamkeit verschwundene Ahnung, das beschreibt diese Erkenntnis wohl am treffendsten, schien die Zukunft zu kennen. Die Abfolge zwischen Ahnung und Ereigniseintritt ist dabei so unbeschreiblich kurz, dass es schwierig ist, die Vorahnung vom Ereignis selbst abzugrenzen. Es könnte auch unser Gehirn sein, das uns diese Vorahnung nur vorgaukelt. Es könnte die Erfahrung von vorangegangenen Ereignissen sein, die ähnlich gelagert waren und deren Ereigniseintritt angesichts der sehr ähnlichen Ausgangslage beim nächsten Ereignis unserem Gehirn sagt: Obacht, das wird jetzt so oder so passieren, so oder so ausgehen. Vielleicht täuscht unsere Wahrnehmung uns diesen kurzen Moment der Vorausahnung im Nachhinein nur vor. Da die Vorausahnung so flüchtig, so kurz und ungreifbar war, wäre das möglich. Oder besteht tatsächlich eine sich unseren üblichen Sinnen entziehende Realität, mit der sich diese Ahnungen erklären lassen, in der sich oft über weite Entfernungen getrennte Menschen intuitiv spüren, fühlen, wie es dem jeweils anderen gerade in diesem Moment geht? Häufig wird berichtet, dass Mütter es spürten, wenn ihrem Kind selbst in einer anderen Ecke der Erde etwas Schreckliches widerfährt, und umgekehrt, dass Mütter wissen, dass ihr Kind etwas überlebt hat. Ist dies nur ein Abklatsch von Hoffen und Bangen?

Bis in die Mitte des 20. Jahrhunderts glaubte man, das Universum und dessen Bausteine, die Materie, ganz gut entschlüsselt zu haben. Was auch immer rund um uns existiert, es besteht aus beinahe unendlich winzigen Atomen und diese selbst wiederum aus noch kleineren Bausteinen. Je nach Anordnung dieser Bausteine unterscheidet sich die dadurch gebildete Materie, haben wir es einfach gesagt mit einem Stück Holz, einem Stück Metall oder Anderem zu tun. Ein einfaches Gerüst aus Bausteinen, die Klarheit versprechen und den Grundgesetzen unserer menschlichen Logik folgen. Alles wäre so einfach, wenn nicht plötzlich eine Aberration dieser Materie entdeckt worden wäre. Die Wissenschaftler bemerkten, dass einige Bausteine ein ganz und gar unerklärliches Verhalten an den Tag legten. Diese Bausteine hatten zueinander eine Beziehung. Zwei dieser Bausteine konnten über tausende Kilometer Entfernung synchron ihre Eigenschaft wechseln. Das lässt sich am besten an einem weiteren Beispiel darstellen: Baustein A wird von Wissenschaftlern angeregt, die Farbe von grün auf blau zu ändern. Sein mit ihm verbundener Baustein B, der tausende Kilometer von A entfernt – gerne auch in einem abgeschirmten Tresorraum – verwahrt wird, ändert synchron mit A ebenfalls seine Farbe. Unglaublich? Ja, aber entgegen der Logik, die uns sagt, es müsse doch eine physische Verbindung zwischen A und B geben, konnte eine solche bislang nicht entdeckt werden. Zu allem Überfluss haben diese Teilchen, die in der Wissenschaft als Quanten bezeichnet werden, zusätzlich die Eigenschaft, ihre materielle Form je nach Betrachter, oder besser: im Zeitpunkt des Betrachtens zu ändern. Quanten sind nicht Fleisch oder Fisch, würde man sagen, Quanten sind unberechenbar und auf eine nicht nachvollziehbare Weise miteinander verschränkt. Das ist kein Humbug, das ist Wissenschaft und das bringt uns zum Anfang zurück. Wenn es verschränkte Quanten gibt, deren Mechanismen wir mit modernster Wissenschaft nicht nachvollziehen können, warum sollten ähnliche Verschränkungen nicht auch anderswo existieren können? Wenn Quanten ohne Zeitverlust, also synchron, miteinander kommunizieren können, Eigenschaften austauschen können und somit auch das Raum-Zeitgefüge durchbrechen, ist es dann so unmöglich, dass einem Ereignis eine Vorahnung vorauseilt?

Eine ganz andere Frage ist, wie wir mit dieser Vorahnung umgehen. Wie schon erwähnt, sind diese Ahnungen sehr unmittelbar vor dem Ereignis fast nicht von demselben zu trennen und leider auch nur flüchtig, ganz im Sinne der Wortbedeutung „Ahnung". Wer sagt uns denn, dass diese Vorahnung für uns nicht nur deshalb so flüchtig ist, weil wir verlernt haben, auf diesen Sinn zu hören, ihn wahrzunehmen? Hindert uns eine Realitätsschranke häufiger und bewusster daran, solche Vorahnungen zur Kenntnis zu nehmen? Wer weiß, dieser eine Sinn, der eine Verbindung über große Entfernungen ermöglicht, der in uns Alarmglocken schellen lässt, unmittelbar, bevor Ereignisse eintreten, ist in Jahrtausenden von Jahren vielleicht einfach nur verkümmert, weil er nicht entsprechend gepflegt wurde, weil sein unmittelbarer Nutzen für den Einzelnen nicht genug Daseinsberechtigung gebracht hat, als dass sich wir Menschen auf diesen Sinn konzentriert hätten. Die Frage ist, was dieser Sinn tatsächlich vermocht hatte, wenn es ihn denn je gegeben hat. Es könnte gut sein, dass er es uns ganz ohne aufwendige Technik wie etwa Mobiltelefonen gestattet hätte, Verbindungen aufrecht zu halten und gefährlichen Situationen aus dem Weg zu gehen, intuitiv sozusagen.

Atlantis

Es gibt sie, es gibt sie nicht. Es gibt sie, es gibt sie, es gibt sie nicht. Es gibt sie ... Zu keiner anderen Insel wurden so viele Bücher verfasst wie zu Atlantis. Kein Schatz hat jemals ähnlich viel Aufmerksamkeit, ähnlich viele Sucher motiviert, ihn zu finden wie diese Insel mit Namen Atlantis. Atlantis spaltet die Interessierten vom Start weg in zwei Gruppen: diejenigen, die Atlantis für ein Fantasiegebilde halten, eine Mär oder ein Gleichnis, dessen sich Platon bedient hat, um seine Darstellungen zu untermauern. Die anderen sind mit der gleichen Inbrunst überzeugt, dass Platon bei seinen Ausführungen tatsächlich eine ganz reale Insel beschreibt, deren Machtgier an den Mauern des vorzeitigen Athens dank der tapferen Athener zerschellte.

Wer die Existenz von Atlantis für möglich hält, wird unweigerlich mit der eingangs erwähnten Suche konfrontiert. Wahre Heerscharen von Autoren, Forschern aus den unterschiedlichsten Fachgebieten, Linguisten und Geschichtsexperten griffen nach jedem sich bietenden Strohhalm, um die Existenz dieser Insel bestmöglich zu beweisen und zugleich eine Idee von deren Lage zu bekommen. Die postulierten möglichen Orte für die Insel Atlantis sind dabei so mannigfaltig, dass sie praktisch überall an Land und unter Wasser auf unserem Erdball versteckt sein könnte. Arrivierte Geologen haben Regionen ausgeforscht, die tatsächlich ähnlich wie in Platons Beschreibung binnen eines Tages und einer Nacht im Meer versunken sein könnten. Unbestritten ist, dass es an vielen aktuellen Küsten vorgelagerte Landflächen gibt, die in relativ kurzer Zeit unter Wasser versunken sind. Mit modernen Berechnungsmodellen lässt sich der Verlauf der Küstenlinie in Abhängigkeit von der Höhe des Meeresspiegels zur gewünschten Zeit nachvollziehen. Wie bei einer Computer-Animation können damit Landstriche unter Wasser oder auch über Wasser gesetzt werden. Erst jüngst erhobene Daten konnten beweisen, dass die Geschwindigkeit solche Senkungen und Hebungen von Landmassen tatsächlich binnen Tagen ermöglichen kann. Nämlich dann, wenn sich im Zuge der Klimaerwärmung große Landmassen zu rückgestauten Seen entwickelt haben. Diese natürlichen Wasserbassins erreichen dabei unvorstellbare Flächenausmaße. Barst dann am Rande eines solchen rückgestauten Megasees die natürliche Umrandung, gab an einer bestimmten Stelle der Eis- oder Geröllwall nach, dann ergossen sich binnen kürzester Zeit Massen an Wasser über bis dahin trockenen Flächen. In der Vorstellung kommt dem wohl am ehestens ein riesiger

Tsunami nahe. Mit einem Unterschied: Der Tsunami breitet sich wellenförmig aus. Das durch die Bruchstelle im Damm tobende Wasser unterliegt nämlich zusätzlich dem immensen Druck, der durch die Verengung entsteht. Die Kräfte dieses Wassers hinterlassen entsprechende Spuren in den überfluteten Landmassen (heute noch gut erkennbar in den mittleren Bundesstaaten Nordamerikas, wo nach Geologenmeinung ein solcher Bruch stattgefunden hatte).

Ähnliche Brüche gab es aber an weiteren Stellen, zum Beispiel an der Küste von Indien, wo sich noch heute auf den vormals zur Landmasse gehörigen, heute unter Wasser stehenden Flächen über mehrere hundert Kilometer weit in das Meer hinaus versunkene Tempelanlagen befinden. Zumindest diesem Teil von Platons Beschreibung, dem Untergang binnen einer Nacht und einem Tag, dürfen wir also getrost Glauben schenken. Und der Rest seiner Beschreibung?

Der als untersetzt beschriebene Platon führt in seinen Textpassagen zu Atlantis sehr detailliert aus, wie er die Insel sieht. Das ist verwunderlich, war er selbst doch niemals vor Ort, ist Atlantis doch schon lange vor seiner Lebzeit in den Fluten versunken. Platon als Quelle oder gar Beweis für die Existenz von Atlantis anzuführen geht damit klar ins Leere. Die Kunst, sprichwörtlich die

Spreu vom Weizen zu trennen, bedarf bei der Online-Recherche rund um Atlantis besonderes Fingerspitzengefühl. Ein Link führt zum nächsten und rasch ist man von einer unüberschaubaren Fülle sich widersprechender Hinweise umgeben, aus denen kein Ausweg möglich scheint. Stellen wir doch eine andere Frage: Angenommen, eine Insel oder ein Landteil namens Atlantis hat dereinst tatsächlich existiert: Was wäre die schönste, fruchtbarste Insel ohne dazu gehöriges Volk? Die Atlanter müssen, wenn ihre Insel einen so nachhaltigen Eindruck hinterlassen hat, ein überaus tüchtiges Volk gewesen sein. Die Atlanter wohnten in großen Städten, sogar Phylos der Tibeter, selbsternannter Wiedergänger dieses Volkes, spricht von Millionenstädten. Welche konkreten Hinweise auf dieses Volk findet sich noch in unserer Zeit? Nichts? Ist es möglich, dass eine so zahlreiche Population, die laut Platon im Austausch mit ihren Nachbarvölkern lebte (ob friedlich oder als Aggressor, sei dahingestellt) nicht zumindest in den Schriften dieser Völker erwähnt wird. Gibt es andere Beispiele, wo Völker ohne Hinterlassenschaft, ohne Spuren ihrer Existenz zurückzulassen, eine Zeitlang eine bestimmte Rolle auf unserer Erde spielten, um dann wieder zu verschwinden? Hätte es nicht Handel zwischen den Völkern geben müssen, Verträge oder wenn schon nicht friedlich, wenigstens Unterwerfungserklärungen, Friedensverträge, hätten Völker mit solcher Population nicht Eingang gefunden in die Geschichten ihrer Freundes- und Feindesvölker, ihrer Nachbarn?

Tatsächlich tauchen auch heute noch immer wieder neue Völker in unsere Schulgeschichte ein, von deren Existenz man bis vor kurzem – wenn überhaupt – nur kaum etwas wusste. Bei manchen dieser Völker ist es die Ahnung einer Region, wo sie beheimatet gewesen sein könnten, bei manchen sind es einige wenige Artefakte, die auf ganze Völker schließen lassen, die bislang keine Erwähnung fanden, oft mit eigenen, noch unverstandenen Sprachen, oder es sind Hinweise in Sagen und Legenden anderer Volksgruppen, aus denen man die Existenz eines solchen Volkes erst ableiten muss.

Der Umstand, bislang keine konkreten Anhaltspunkte zu dem Volk der Atlanter gefunden zu haben, relativiert sich angesichts dieses Wissens. Wenn die Atlanter auf ihrem Flecken Erde ein introvertiertes Volk waren, vielleicht räumlich isoliert, wie das im Falle einer Insel gegeben wäre, dann steht die Chance auf ihre Existenz gut, auch wenn es darüber bis heute keinen Nachweis gibt. Ein starkes Volk, nämlich das Volk der Hetiter, war bis in das Ende des 19. Jahrhunderts unbekannt. Dieses Volk wurde anhand einiger weniger Bibelstellen vermutet, dann aktiv gesucht und so konnte binnen der letzten 100 Jahre die Existenz dieses Volkes samt deren Herrscher rekonstruiert werden. Ähnlich das Volk der Sumerer. Nachdem erste Hinweise auf die Sumerer entdeckt wurden, begann die Wissenschaft gezielt nach Artefakten zu suchen, und siehe da: Man entdeckte ein komplexes Schriftwesen auf tausenden Tafeln samt zu diesem Volk passenden Objekten, Statuen, Töpfereien. Beide Völker wurden unter den erschwerten Bedingungen, die die jeweils vor Ort regierenden Regime aufstellten, entdeckt und wissenschaftlich aufbereitet. Politisch unsichere Regierungen, Kriegsgebiete, Diktaturen haben die Entdeckung dieser Völker beinahe hintangehalten und zeitweise auch wieder zum Erliegen gebracht, bis sich diese Rahmenbedingungen wieder forschungsfreundlicher gezeigt haben. Unter diesem Gesichtspunkt wäre es geradezu vermessen, apodiktisch die Existenz des Volkes der Atlanter zu leugnen, denn was kann es Hinderlicheres bei der Entdeckung eines Volkes geben als ein sich über dessen Spuren wogendes Meer.

Chi-Kraft

Lebenskraft, Mana, Odem, Orgon, Prana, Anima, Blut, Karma, Mind oder Seele. Alle diese Wörter werden gleichbedeutend mit dem vor allem im chinesischen Kulturraum häufig anzutreffenden Chi gesetzt. In allen Kulturen der Menschen haben sich rund um dieses Chi unzählige Bewegungen, Richtungen etabliert, meistens mit sehr esoterischem Zugang und immer bemüht, den Menschen wieder in Einklang mit seinem Chi zu bringen. Was fehlt uns denn, wenn wir nicht im Einklang mit dem Chi sind? Schmerzt uns etwas? Vermissen wir etwas, das sich auf unser Gemüt schlägt, und geht es uns denn tatsächlich besser, wenn wir in wunderbarem Einklang mit unserem Chi stehen? So ungreifbar, so undefinierbar dieses Chi auch ist, klar scheint, dass jeder Mensch sein eigenes, ein individuelles Chi besitzt und dass es sich zu bemühen gilt, mit demselben in Einklang zu geraten. Die Wege dorthin werden von den verschiedenen Kulturkreisen und den Strömungen, die sich daraus entwickelt haben, ganz unterschiedlich beschrieben. Diese Möglichkeiten gehen von einer Spende an die Akteure der Strömung (das erinnert an den kirchlichen Ablasshandel des Mittelalters) über diverse Meditationstechniken bis hin zum Fasten, Einnahme mehr oder minder gesunder Zusatzstoffe oder striktes Halten bestimmter Diäten. Daraus wird klar, man muss etwas tun, um sich dieses ungreifbare Chi für sich zu sichern. Beobachtet man das vielfache Angebot der Chi-Heil versprechenden Strömungen, verstärkt sich der Eindruck, dass die Menschen grundsätzlich an diesem Chi Gefallen gefunden haben. Sie suchen das Chi, weil sie sich davon Besserung in ihrer aktuellen Lebenslage erhoffen, sowohl körperlich, gesundheitlich, als auch eine prosperierende Karriereentwicklung, und sich einen guten Berufsverlauf, eine gute gesellschaftliche Stellung versprechen. Was ist denn nun das Chi? Ist es die schon mehrfach in diesen Ausführungen angesprochene Seele? Was kann mithilfe dieses Chi tatsächlich erreicht werden? In chinesischen Filmen springen Kämpfer, die sich mit ihrem Chi eins wissen, meterweit von Dach zu Dach der Pagoden. Mit Chi durchtränkten Schlägen durchstoßen sie Wände und biegen Eisen. Natürlich sind dies Finessen eines Films, aber weisen uns diese Special Effects auf genau das hin, was mit Chi möglich wäre? Ist Chi diese eine Kraft des Geistes, die Materie beeinflussen und sich über Naturgesetze hinwegsetzen kann? Zur Zeit von Atlantis soll es ein ganzes Volk gegeben haben, das ausschließlich mit dem Geist Wirkung auf Materie hervorrufen konnte. Vielleicht war dieses Volk eins mit dieser ominösen Kraft Chi, der so viele heutzutage nachstellen. Unsere Geschichtsbücher sind voller Persönlichkeiten, die in den unterschiedlichsten Kulturen und zu verschiedensten Zeiten lebten und unglaubliche Wunder vollbrachten. Diese Persönlichkeiten erstaunten ihre Zeitgenossen mit übermenschlichen Kräften, mit unnachahmlicher Ausdauer, Beharrlichkeit oder auch Weitsicht. Sind das die Möglichkeiten, die das Tor der Einheit mit dem eigenen Chi bildet?

Monate-, ja jahrelanges Meditieren, ebensolches Fasten oder andere überlieferte Meisterleistungen dieser Persönlichkeiten könnten dank des Chi tatsächlich wie kolportiert geschehen sein, wären bei entsprechender Konzentration unter Umständen auch heute noch denkbar, wenn es der Person gelingt, sich von allem Erlernten zu distanzieren, sich von all ihren Erfahrungen unbeeindruckt auf das Chi zu konzentrieren. Es könnte aber natürlich auch sein, dass solch eine tiefe Zuwendung zum Chi nicht binnen einer Generation möglich ist, sondern nur über mehrere Generationen hinweg trainiert werden müsste. Dann gäbe es plötzlich Menschen, die nicht nur tollkühne Dinge vollbringen könnten, vielleicht könnten sie auch über Wasser laufen.

Mehr Lebenszeit

Eine unserer Ausführungen in diesem Büchlein hat sich allen Ernstes mit den modernen Möglichkeiten der Lebensverlängerung auseinandergesetzt, ohne abschließend beurteilen zu können, welche davon am Ende zu einem tatsächlich längeren Leben führen würde. Es gibt davon ungeachtet noch zumindest eine weitere Möglichkeit, mit der jedem in unserer Zeit lebendem Menschen ein Mehr an Lebenszeit möglich werden würde. Diese in jedem Fall funktionierende Maßnahme erstreckt zwar nicht die eigentliche Lebensspanne von der Geburt bis zum Tod, verlängert aber dennoch das Leben grob gerechnet um ein Viertel. Die Rede ist von einer anderen Gewichtung des Lebensinhaltes. Im Humanismus ist das aus dem Lateinischen übersetzte Begriffspaar „Brot und Spiele“ ein geflügeltes Wort. Darunter ist zu verstehen, dass ein Volk nachweislich zufrieden und damit ergeben ist, wenn ausreichend Brot als Sinnbild für Nahrung vorhanden ist und angeboten wird. Wird zugleich für ausreichend Unterhaltung, im Begriffsdoppel als Spiele bezeichnet, gesorgt, ist das glücklich. So war das im alten Rom und es stellt sich uns heute nicht viel anders dar. Die Frage ist berechtigt, was dieser Spruch mit einer möglichen Verlängerung des Lebens zu tun haben könnte. Die Antwort ist simpel. Als Mitteleuropäer verbringen wir täglich mehr als nur einen Bruchteil unserer Zeit damit, diesen Spielen auf den Leim zu gehen. Die durchschnittliche Beschäftigung eines Erwachsenen damit in Mitteleuropa betrug Ende 2020 über 220 Minuten am Tag. Das sind mehr als 3 1/2 Stunden täglich. Die Fernsehdauer schwankt erheblich je nach Altersgruppe, die ab 50-jährigen leisten sich den Luxus Spiele gar 5,3 Stunden jeden Tag. Bei den Jüngeren wird die Zahl des niedrigeren Fernseh-Konsums mehr als aufgewogen durch die Nutzung der modernen Errungenschaften wie digitaler Konsum und digitales Spielen.

Das ist die redlich verdiente Erholungsphase, das, was nach dem täglichen Berufsalltag als Ausgleich nötig sei, wird sich mancher Leser verkneifen zu sagen. Die Frage ist, ob dies tatsächlich so ist und so sein muss. Dabei können wir beides in Frage stellen. Die Spielzeit (als Synonym für passiv genutzte Freizeit durch Berieslung vorgefertigter Unterhaltung oder in virtuellen Welten verbrachter Zeit) als auch die Arbeitszeit sollten vor den Prüfstand gezerrt werden. Beides scheint ein Grundbedürfnis des Menschen zu befriedigen, beides ist fremdbestimmt. Was würde denn passieren, wenn die Menschen immer weniger Arbeit, immer weniger Zeit im Spielsegment verbringen würden? Die Menschen würden auf einen Schlag ein Viertel, inkludiert man Arbeitszeit sogar noch mehr, an Lebenszeit gewinnen. Das mag aus Sicht der die Gesellschaft im Griff haltenden Regierungen wenig verlockend erscheinen; und ja, es drängt sich unmittelbar die Frage auf, was die Menschen mit der gewonnenen Zeit anstellen würden. Einige würden die Dinge nachholen, für die sie bisher glaubten, zu wenig Zeit gehabt zu haben. Es würde sich ganz ähnlich wie bei einer anstehenden Pensionierung (dieser Moment ist für viele ein Schlag, der zwar vorhersehbar war, sie aber dennoch mit voller Härte trifft) abspielen. Im ersten Moment nach dem Erkennen der neuen Freiheit werden tatsächlich diese aufgeschobenen Dinge angepackt. Das dauert seine Zeit, doch diese Zeit geht vorüber. Und dann? Dann gibt es bei vielen Menschen die nicht gerade rosige Erkenntnis, dass es nichts gibt, was noch getan werden müsste, Dinge verlieren ihre Dringlichkeit, geraten aus den Augen. So ist das bei älteren Menschen, deren Tatendrang kraft ihres Alters ohnedies versiegt. Aber bei jungen Menschen? Was machen diese jungen Menschen, wenn ihnen Brot ohne Arbeit oder mit ganz viel weniger Arbeit ins Haus steht und sie zugleich die angebotenen Spiele in der Erkenntnis, dass dies schlecht investierte Zeit ist oder in Ermangelung der ausgedehnten

Arbeit keine verdiente Erholung mehr nötig ist, verweigern? In der ersten Zeit folgen diese Menschen dem Muster des Pensionärs, holen ewig aufgeschobene Dinge nach. Und dann? Eine große Menge an Menschen, die ihr Leben plötzlich mit Unmengen neu gewonnener Lebenszeit neu strukturieren müssten … da kann man den Regierungen nur viel Glück wünschen, dass dies ruhig verläuft. Und man muss den Menschen viel Glück wünschen, haben sie doch „von jetzt auf gleich" ein um mindestes ein Drittel längeres Leben.

Reproduktion

Sie erhalten ihre Art, weil es die Natur so programmiert hat, das ist das unumstößliche Credo aller Lebewesen auf der Erde. Die Evolution hat, um das sicherzustellen, für jeden Organismus einen nicht unbeträchtlichen Aufwand betrieben. Trotz dieses Aufwandes ist es nicht jeder Art gelungen, sich nachhaltig durchzusetzen. Arten kamen und sind wieder von der Oberfläche des Erdballes verschwunden. Manche, weil ihr Evolutions-Konzept nicht vielversprechend war, andere weil die Geschwindigkeit der Evolution nicht mit zu raschen Änderungen der äußeren Umstände mithalten konnte. Dabei macht es keinen Unterschied, warum sich diese Umstände geändert haben. Ein Meteoriteneinschlag kann für das Ende einer Evolutionskette ebenso kausal sein wie durch den Menschen verursachte Veränderungen, wie Umweltschäden, Raubbau am Lebensraum, Unterbrechung der Nahrungskette oder Klimaerwärmung. Es ist, wie es ist, und manche Evolutionsketten kamen durch solche Einflüsse zu einem Ende, andere gediehen dafür prächtiger.

Man könnte dies als eine Art natürlichen Kreislauf umschreiben, egal, ob mutwillig veranlasst, rücksichtslos oder tatsächlich ohne menschliches Zutun. Die auf der Erde lebenden Organismen,

Tiere, Pflanzen und nicht zuletzt der Mensch, haben als oberste Prämisse, manchmal erfolgreicher, manchmal eben weniger erfolgreich, den Slogan Überleben und Reproduktion in ihrem Auftragsheft vermerkt. Und das ist sicherlich gut so, denn bei der für die Evolution nötigen Dauer muss ein Organismus, ein Lebewesen schon einige Zeit seine Gene an Nachkommen übermitteln, um in den Genuss einer evolutionären Anpassung zu kommen. Die irdischen Lebewesen sind ohne Frage auf Überleben und Reproduktion programmiert. Jedes Tier, jede Pflanze folgt unabdingbar diesem Credo. Ist die Reproduktion, die Fortpflanzung, gelungen oder zuverlässig in die Wege geleitet, scheint es für einige Organismen und selbst Tiere oder Pflanzen unbedeutend zu werden, ob das eigene Leben weitergeht. Bei manchen ist die erfolgte oder in die Wege geleitete Fortpflanzung nicht nur ein Zeichen, dass das eigene Leben unbedeutend wurde, sondern sogar der Todesstoß, um dem eigenen Nachwuchs durch eigene Selbstaufopferung Starthilfe zu geben. Ein interessanter Gedanke, der nichts anderes bedeutet, als dass in diesen Fällen der nach der Vermehrung erfolgten Selbstaufgabe der Sinn und Zweck des eigenen Lebens erreicht wurde. Das mag bei Organismen, Pflanzen und Tieren unwidersprochen so hingenommen werden, doch wie sieht das bei höher entwickelten Lebewesen aus? Erlischt mit der Geburt und erfolgter Begleitung der Nachkommen in das selbstständige Leben der eigene Zweck der Existenz? Ist umgekehrt die Erzeugung von Nachkommen bei Menschen der einzige Sinn, den uns die Evolution mit auf den Weg gegeben hat, in der Annahme, wir stürzen uns, nachdem die Kinder aus dem Haus sind, kollektiv in einen Abgrund, da der Lebenszweck erfüllt wurde?

Der Gedanke klingt im Kopf nach und erzeugt ein vages Gefühl zwischen Hoffnung und Resignation: wenn die Erzeugung von Nachkommen nicht der Einzige, der hauptsächliche Sinn des eigenen Lebens war, was könnte dann der Zweck sein? Dieser Gedanke lässt sich aber auch anders greifen. Wenn die Evolution bei allem Lebendigen auf der Erde stets als Hauptziel die Fortpflanzung, die Arterhaltung postuliert wird, warum sollte das dann bei uns Menschen so anders sein? Diese Fragestellung bringt mit Sicherheit Philosophen und Lebensberater auf den Plan, die trefflich zu diesem Thema argumentieren, diskutieren und vielerlei Beiträge zu verfassen wissen. Das weiter auszuführen, passt aber nicht so recht in den Rahmen dieses Buches. Weitaus besser und in diesem Kontext interessanter ist wohl der Gedanke, warum die Evolution alles unternimmt, um den Erhalt der Art sicherzustellen. Wäre es denn nicht egal, wenn Arten kommen und gehen, ohne ihr Herzblut an die Nachkommenschaft zu hängen? Welches Ziel verfolgt die Evolution mit dieser Programmierung auf Arterhalt, der sich die Lebewesen (ausgenommen der Mensch selbst) gar nicht entziehen können? Ist die Evolution auf der Suche nach dem Superlebewesen, das am Ende nach Hunderttausenden Jahren Siegereigenschaften in allen Bereichen besitzt und sich dadurch – ja wofür eigentlich – eignet? Züchtet, wenn der Begriff erlaubt ist, die Evolution in bestimmter Absicht einen Superorganismus, eine Superlebensform? Und wenn ja, wozu soll diese Lebensform dann genutzt werden? Als Wirt für den oder die, die die Evolution angestoßen haben? Oder sind es eben jene Anstöße der Evolution, die an all dem Endprodukt der Evolution gar kein Interesse haben, sondern wie in einem Terrarium diese Blüten und Verzweigungen der Lebensformen als Schauobjekte genießen, die dank eigener, für uns unvorstellbarer Lebensspannen, über Jahrtausende dieser Evolution beiwohnen, wie unsereins sich am Gedeih einer Kanarienvogelfamilie in der Voliere erquickt? Wenn die Variante mit den angesprochenen Wirten das Ziel der Evolution ist, was sagt uns dann, dass wir nicht schon zu Lebzeiten als Avatare dienen ...?

Komplexität ist relativ

Unzweifelhaft steht alles, was sich auf der Erde abspielt, in einem Zusammenhang, in einer Kausalität. Die Wissenschaft kann diese Abhängigkeiten in bestimmten Bereichen auch mathematisch ausdrücken. Diese Möglichkeit findet im Alltag aber rasch Grenzen. Nehmen wir als einfaches und gut verständliches Beispiel die Sonne und deren Strahlen, die fast parallel auf einen Gegenstand treffen. Dieser Gegenstand reflektiert das Sonnenlicht, was ihn in einer bestimmten Farbe erscheinen lässt, und zugleich wirft er hinter sich einen Schatten, was Farben auf seiner Rückseite flauer oder grau bis dunkel erscheinen lässt. Dieser einfache Effekt passiert zu jeder Zeit, an jedem Ort, den Licht unserer Sonne erreicht: Stets wird das Licht reflektiert oder absorbiert. Es hinterlässt seine Spur als heller oder schattiger Punkt.

Bei einem Waldspaziergang wird die Komplexität dieses an und für sich simplen Vorgangs deutlich. Wenn die Sonnenstrahlen sich ihren Weg durch das Blätterwerk bahnen und den Schatten desselben auf den Waldboden zeichnen, wird deutlich, wie komplex das Licht-Schattenspiel ist, wie akkurat jedes Fächeln eines Blattes im Wind am Waldboden nachgezeichnet wird. Abermillionen von Berechnungen, wo hell, wo dunkel sich abbilden muss, wo Ränder und Flächen sind. Klar ist, dass dieser Prozess jeden Orts auf der Erde passiert, es gar keines Zweifels bedarf, dass dies so ist, und dennoch kann dieser Vorgang dank seiner Vielzahl längst nicht mehr in unseren Gehirnen nachvollzogen werden, die Vielzahl macht etwas Simples zu etwas Komplexem.

Wenn wir an anderer Stelle schon auf die Chaostheorie eingegangen sind, so hat sie auch hier ihren Platz. Dieses angesprochene Chaos folgt klaren Regeln und Naturgesetzen, deren Vielzahl schlicht die Vorausberechenbarkeit übersteigt. Das Thema ist zu komplex, um selbst mit modernsten Computern nachgerechnet zu werden. Es werden Annäherungswerte, Wahrscheinlichkeiten bemüht, dabei könnte jeder Flügelschlag eines Schmetterlings folgend den Naturgesetzen in Hinblick auf seine Auswirkung im Grunde berechnet werden. Das Chaos, das wir umschreiben, das dem Flügelschlag eines Schmetterlings das Versiegen des Humboldtstroms im Weltmeer zuordnet, ist das Eingeständnis, dass wir die hier wirkende, millionenfache Anwendung der Naturgesetze nicht nachberechnen können. Zu viele Rechenaufgaben, zu viele Variablen, die berücksichtigt werden müssen, es ist für unsere Vorstellung zu komplex. Wenn diese Feststellung auch zu hundert Prozent jetzt, hier und heute Gültigkeit hat, so gilt es dennoch festzuhalten, dass diese Feststellung relativ ist. Nehmen wir als vergleichendes Beispiel einen PC und dessen Leistungsfähigkeiten in den achtziger Jahren. Da machte der Commodore C64, als Brotdose verschrien, Furore, da er für damalige Zeiten dank seiner Rechenpower bis dahin für unmöglich gehaltene Grafik auf den Bildschirm zauberte. Mit einem Trick, sogenannten Sprites, kleinen Flächen, die optisch gestaltet werden konnten und sich als Einheit über den Bildschirm führen ließen, wurden Raumschiffschlachten ebenso möglich wie bunte, bewegte Arkade-Games. Für den Hauptprozessor des C64 waren diese bunten Spiele das höchste an Komplexität, was zu der damaligen Zeit möglich war. Unsere modernen PCs von heute würden über die beschränkte Kapazität der Brotdose nicht einmal mehr ein Lächeln übrighaben. Moderne Computerprozessoren vermögen am Bildschirm dank millionenfach höherer Rechenpower ganz andere Komplexitäten zu verarbeiten. Ein modernes Computerspiel kann den eingangs erwähnten Licht- und Schattenfall eines Waldstückes für die Ausgabe am Bildschirm ebenso berechnen, wie ein fallendes Blatt den programmierten physikalischen Grundgesetzen folgt. Der Computerprozessor berechnet Fallgeschwindigkeit, torkeln, Lichtbrechung und anderes in Echtzeit und der Prozessor der Grafikkarte vermag ebenso in Echtzeit die Auswirkung der virtuellen Sonnenstrahlen auf die Gegenstände in der Spielszene zu berechnen. Unvorstellbar für einen C64, selbstverständlich überschaubar für einen modernen PC. Was uns dieses Beispiel vor Augen führen soll, ist, dass das menschliche Gehirn einer bestimmten Komplexität folgen kann, doch es könnte bildlich gesprochen auch gut sein, dass unser Gehirn sich auf dem gleichen Niveau wie der Prozessor des C64 befindet. Komplexitäten, deren Zusammenhänge für uns nicht mehr fassbar sind, stellen sich für andere Intelligenzen vielleicht als so einfach dar, wie für einen neugeborenen Vierbeiner das Laufen auf allen Vieren. Deren Geist erkennt vielleicht glasklar die Ursächlichkeit des Schmetterling-Flügelschlags für das Abklingen des Humboldtstroms, weil er entgegen unserer Beschränktheit mit Leichtigkeit alle Variablen, alle Relationen und alle Naturgesetze die hier zusammentreffen, berechnen kann.

Mondkraft

Manche Dinge ändern sich nie, andere wiederum so rasch, dass das Vertrauen in diese Fakten bisweilen schwindet. Als die ersten Zeilen dieses Kapitels niedergeschrieben wurden, ergab die Recherche in seriösen Wissenschaftspublikationen eindeutig, dass die bislang dem Mond zugeschriebene Wirkung nur auf subjektivem Empfinden beruht. Wir schlafen unruhig, werden öfter wach und sehen in diesen unruhigen Nächten vielleicht aus dem Fenster, entdecken dort einen hellen Vollmond am nächtlichen Himmel und wissen daher, dieser ist schuld an unserem unruhigen Schlaf. Die Wissenschaft schreibt der eindrucksvollen Erinnerung an den gesehenen Vollmond den Volksglauben zu, dass der Mond den Schlaf des Menschen beeinflusst. Das bedeutet, dass nicht der Mond einen physikalischen Effekt auf den Menschen hat, denn viel zu gering sei dazu die vom Mond ausgeübte Anziehungskraft, als dass dies den schlechten Schlaf begründen könnte. Wenn überhaupt eine Auswirkung in schlaflosen Nächten durch den Mond stattfindet, so könnte dies maximal durch das vom Mond reflektierte Sonnenlicht, also die hellere Nacht sein. Mit dieser wissenschaftlichen Begründung werden sämtliche bis dahin dem Mond zugeschriebenen Besonderheiten zu Grabe getragen. Man denke nur an das bei Vollmond geschlagene Holz, das sich besonderer Eigenschaften, zumeist höherer Widerstandskraft oder schwererer Entflammbarkeit erfreuen sollte. Wie gesagt, dies war der Status quo zu Beginn dieser Zeilen. Knapp vier Wochen später lancierte die Wissenschaft mit gleich sachlicher Begründung exakt das Gegenteil dieser Feststellung. Der Mond hat sehr wohl eine unmittelbare Auswirkung auf Pflanzen, ebenso wie auf Menschen, hieß es.

Was stimmt denn nun? Ist der Glaube an Mondtage obsolet, sind besondere Eigenschaften hervorgerufen durch den Mond gleichwertige Fabelgeschichten wie die Verwandlung gebissener Zeitgenossen in nach Blut lechzende Werwölfe? Haben die Menschen über Jahrtausende stets falsche Rückschlüsse aus ihren Beobachtungen gezogen?

Wohl kaum. Es liegt nicht an uns, diesem Phänomen mit Messgeräten und Berechnungen auf den Grund zu gehen, aber wir können das beurteilen, was unbestritten nachvollziehbar ist: Der Mond löst durch seine Schwerkraft und seine Anziehung kraft seiner Masse auf den Weltmeeren das jedem Kind bekannte Phänomen von Ebbe und Flut aus. Die Weltmeere strecken sich, bildlich gesprochen angesaugt von der Anziehungskraft des Mondes, in Form einer Wölbung zum Mond hin. Dies löst den Bekannten Ebbe-Flut-Wechsel aus. Der Mond hat also einen unmittelbaren Einfluss auf Materie der Erde. Die Wissenschaft, um eine Erklärung bemüht, hat zunächst behauptet, diese Anziehungskraft des Mondes sei unbestritten, die Kraft jedoch so gering, dass sie eben nur angesichts der unglaublichen Größe der Weltmeere zu einer spürbaren Beeinflussung führen würde. Jetzt, wo der Mond angeblich doch auch Pflanzen und Menschen beeinflusst, hat sich die Erklärung geändert: Natürlich wirkt die Anziehungskraft des Mondes auf jegliche Materie auf der Erde analog der sichtbaren Beeinflussung der Weltmeere. Doch diese Anziehung sei so gering, dass sie sich faktisch dem Messbaren entzieht. Logisch wäre der nächste Schluss: Selbst wenn die Anziehungskraft auf kleine Flächen, Materien etc. nicht mit heutigen Messinstrumenten gemessen werden kann, so bedeutet dies noch lange nicht, dass es keine Krafteinwirkung gibt. Warum denn auch, schließlich differenziert der Mond beziehungsweise seine Anziehungskraft nicht, worauf er seine Kraft einwirken lässt. Und auch die weitaus weniger empirisch belegbaren Beobachtungen unserer Vorfahren sollten wir schon allein aus Gründen der Wahrscheinlichkeitsrechnung nicht außer Acht lassen. Unsere

Vorfahren haben, ohne passendes Messwerkzeug, die Auswirkung des Mondes eindeutig erkannt, haben den Mondphasen bestimmte fördernde oder nachteilige Eigenschaften je nach Aufgabe zugeordnet. Vom Haareschneiden bis zum Zahnarztbesuch, von der Aussaat bis zum Baumfällen, von günstigen Zeiten für die Geburt eines Kindes zu Tagen, die für Operationen ungeeignet sein sollen, um nur einige davon zu nennen. Ob auch die ganzen modernen Zuordnungen zur Kraft des Mondes, von Tagen zum Anlegen von Geld, abschließen günstiger Geschäfte etc., mit diesen über Jahrtausende lang gemachten Beobachtungen gedeckt sind, darf ruhig bezweifelt werden. Zuletzt zählt der Glaube des Einzelnen an die Kraft des Mondes.

Meine Welt – deine Welt

Wir alle leben in ein und derselben Welt. Während die Umwelt- und Friedensbewegungen nicht müde werden, diesen Umstand stets ins Bewusstsein zu rufen, müssen wir hier doch deutlich widersprechen: Wir leben in ein und derselben Welt und doch ist sie für jeden von uns gänzlich anders. Betrachten wir einige auf der Hand liegende Unterschiedlichkeiten zwischen den Menschen. Wenn Sie sich gestern den rechten Daumen ungeschickt in einer Türe oder Küchenschublade eingezwickt haben, dann blicken Sie jetzt auf einen dunkelblauen Daumennagel, der zudem noch schmerzt. Doch woher wissen Sie, dass dieser Daumennagel nun dunkelblau ist? Richtig, Sie haben das als Kleinkind gelernt. Diese Farbe bezeichneten die Erwachsenen damals als dunkelblau und Ihr Gehirn weiß seitdem, dass, wenn diese Farbrezeptoren auf Ihrer Retina anschlagen, dass Sie dunkelblau sehen. Im Laufe der ersten Monate und Lebensjahre haben Sie gelernt, welche Farben wie benannt werden, im Laufe des Lebens haben sich weiter Differenzierungen ergeben wie kobaltblau, marineblau, taubenblau und so weiter. Ihr Gehirn weist bei der entsprechenden Anregung dieser Rezeptoren die passende Farbe aus. Würden Alle in Ihrer persönlichen Umgebung seit Ihrer Geburt behauptet haben, dass diese Farbe orange sei, würde Ihr Gehirn die Anregung dieser Rezeptoren mit orange verknüpfen.

So weit, so klar und natürlich lebt niemand derart abgeschottet oder unter so spaßigen Zeitgenossen, dass er oder sie im Glauben heranwächst, blau wäre eigentlich orange. Das wäre ein übler Scherz und mit zunehmendem Alter auch nicht mehr umsetzbar. Alle Menschen sehen blau und registrieren im Gehirn daher blau. Die Frage ist allerdings, ob alle bei dem Anblick blau das gleiche Blau im Gehirn abbilden. Vielleicht schätzt jemand den Daumennagel als eher blau-lila, der andere als blau-orange ein. Der Lerneffekt und die Erfahrungswerte grenzen diese Bandbreite so gut als möglich ein, doch mit Sicherheit ist das Blau unserer Vorstellung individuell verschieden. Dabei reden wir noch gar nicht über die individuelle Durchsichtigkeit unserer Glaskörper in den Augen. Jede Trübung, jede Nuance eines Farbeinschlusses in diesem Glaskörper ließe das Blau für die betreffende Person anders erscheinen. (Natürlich nicht nur das Blau, sondern durchweg alle Farben.) Ganz so, als ob man die Umwelt durch eine getönte Skibrille betrachtet. In dieser Hinsicht ist die Welt schon einmal einzigartig für jeden von uns.

Zu dieser Wahrnehmung kommen aber auch noch die anderen Sinne hinzu, die für jeden die Welt unterschiedlich darstellen. An einer roten Ampel haben wir alle gelernt, dass es von Vorteil ist, anzuhalten. Manche haben das gelernt und befolgen das eben deswegen. Jemand, der eine rote Ampel überfahren hat und in Folge einen schweren Unfall erlitt, wird die rote Ampel von da an im wahrsten Sinne des Wortes mit anderen Augen sehen. Die Erfahrung, unsere Erlebnisse, unsere Erinnerungen und auch unsere Vorahnungen und Träume wirken sich unmittelbar auf die persönliche Erfahrung aus, hinterlegen Ereignisse mit anderen Motivationen, verstärken diese, schwächen diese ab. Der Fahrzeuglenker, der an der Kreuzung im PKW neben Ihnen auf die Grünphase wartet, erlebt diese Kreuzung, das Rot der Ampel mit Sicherheit anders als sie. Das Erlebnis ist das Sammelsurium an Wahrnehmungen, Eindrücken, verschränkt mit Erfahrungen, Erwartungen, Erlebnissen, Befürchtungen und Vielem mehr. Am Ende führt dies dazu, dass wir alle zwar in ein und derselben Welt leben und doch jeder in seiner eigenen. Diese eigene Welt mag der Welt eines anderen ähnlich sein, vielleicht aber ist in dieser Welt blau doch eher orange.

Opportunismus des Entwicklungsstandes

Die Menschheit blickt auf eine lange Entwicklung zurück, wenngleich dieser Zeitraum angesichts der Erdgeschichte nur wie ein Wimpernschlag erscheinen mag. Einige wenige Begriffe aus dieser Frühgeschichte der Menschheit sind uns allen bekannt. Kaum jemand wird den Neandertaler, dessen knöcherne Überreste im Neandertal ausgegraben wurden, nicht kennen. Diese Bezeichnung steht für einen, nennen wir es, Stamm an Menschen, die sich aus welchen Gründen auch immer nicht auf der Erde behaupten konnten und im Laufe der Zeit ausstarben, oder besser: ersetzt wurden durch ein besseres Modell, dem Homo sapiens. Dennoch tragen wir bis heute Genschnipsel dieser Gattung in uns. Mit der modernen Genetik ist es uns möglich, die Menschheitsgeschichte viel detaillierter nachzuverfolgen, als dies Forscher bisher anhand von Ausgrabungen rekonstruieren konnten. Die Genetik macht es möglich, selbst einzelne Stammbäume nachzuverfolgen und gibt uns Hinweise darauf, warum in unserer modernen Welt selbst manche alltäglichen Begriffe auf diese alten Stämme verweisen. Vor vielen Jahren zog ein Volk aus dem Zweistromland los und wandte sich Richtung Osten, Nordosten. Vielleicht folgten sie jagbaren Herden, vielleicht wurden sie von anderen Stämmen verjagt oder versprachen sich schlicht bessere Lebensbedingungen. Dieser Stamm zog bis weit nach Nordosten. Dort traf er auf schon im Nordosten lebende andere Völker, die dem neuen Zuzug nicht nur skeptisch, sondern sogar kriegerisch entgegenstanden. Also kehrte der Stamm seine Zugrichtung um, wandte sich in einem großen Halbkreis über den zu kalten Norden gen Westen und wanderte auf diese Weise, nun aus dem Nordosten kommend, bis an die Tore des heutigen Europas, ja bis an die Gestade des Atlantiks. Dieses Volk mit heller Haut und rötlichem Haaransatz nannte man „Russe“ und bildete die Namensgrundlage für die heutige Region Zentralrusslands und dessen Nachbarstaaten. Die Genetik hinterließ bei diesem Volk Spuren in Form der Haut- und Haarfarbe bei den Nachfahren.

Denken wir heute an unsere Vorfahren, lassen wir vor dem geistigen Auge ein Bild entstehen, so bildet sich ein primitiver Mensch ab, gehüllt in zusammengenähte Felle, mit struppigem Haar, bestenfalls mit einem einfachen Holzspieß hinter nahrhaftem Wild her hetzend. Oder wir sehen diese Vorfahren rund um ein knisterndes Feuer sitzend, gehüllt in Felldecken und sich die jüngsten Jagderlebnisse in für uns unverständlicher, gurgelnder Sprache erzählend. Die Jungen tollen dabei ums Feuer und die Frauen nähen eifrig weitere Fellumhänge oder stopfen Schuhwerk mit wärmendem Stroh aus. Dieses Bild unserer Vorfahren haben unzählige Filme, deren Artdesigner und Regisseure ebenso in uns geschaffen wie deren Vorlagen in Naturkundemuseen, wo wissenschaftlich aufbereitete Attrappen, Puppen unserer Vorfahren hinter Glasdiaramen sich so zur Schau stellen. Dass dies nur eine möglicherweise sogar zutreffende Momentaufnahme unserer Ahnen sein kann, ist unbestritten. So waren wir, und alles, was danach kam, war höher entwickelt und näherte sich mit jeder Generation mehr und mehr an unser jetziges Sein an. Zumindest möchte man das vermuten. So ganz stimmt diese vereinfachte Version unserer Ahnengeschichte jedoch sicher nicht. Es gibt einen Zeitraum in unserer Vorgeschichte, wo dieses Bild des Jägers, das Bild des ersten Bauern, der ersten Siedlungen trefflich passt. Das eigenartige an diesem Bild ist, dass die Entwicklung nicht stufenweise erfolgte, sondern regional ganz unterschiedlich. Diese Unterschiede wiederum, und jetzt wird es interessant, sind nicht an einem Ort aufgetreten, sondern parallel an mehreren, über fast den ganzen Erdball verteilten Orten. Was darunter zu verstehen ist? Ganz einfach. Lassen wir unsere Ahnen noch etwas mehr im entwicklungsgeschichtlichen Sinn erwachsen werden. Sie leben mit ihren Familien in Siedlungen mit einfachen Behausungen, bauen in der Nähe essbare Nahrungsmittel an, bestellen bewusst diese Felder und ergänzen diese Nahrung mit organisierten Jagden. Ein durchweg höchst einfaches Lebensmodell. Parallel zu diesem einfachen Lebensmodell werden in unmittelbarer Nachbarschaft Bauwerke hochgezogen, die bis heute unsere Bewunderung verdienen. Bauwerke, zu deren Errichtung nicht nur teils ausgetüftelte Werkzeuge benötigt werden, sondern auch höchste Präzision bei der Errichtung und vor allem Ausrichtung der Bauten. Diese Ausrichtung setzt ein Wissen bei den Bauherren voraus, das der einfache Urahn wie zuletzt beschrieben schlichtweg nicht hatte. Es sind sowohl Daten zu Laufbahnen von Sternen, über die Neigung der Erdachse, deren Umfang und vieles mehr, als auch Daten zu den Bauwerken untereinander. Selbst die hundertprozentige Ausrichtung nach einer bestimmten Himmelsrichtung war dem einfachen Ahn mit der vorliegenden Genauigkeit nicht zu unterstellen, geschweige denn Berechnungen von Pi oder Phi, vorausschauende Umlaufbahnen einzelner Gestirne und so weiter. Diese Aufzählung der Dinge, die unser Ahn nicht wusste, weil er nach einfachsten Regeln mit wenig Wissen lebte, könnte noch lange weitergeführt werden. Spätestens jetzt sollte sich eine einfache Erklärung für dieses Phänomen auftun, dass, während ein Teil der Menschheit noch sehr rudimentär lebte, ein anderer Teil unserer Ahnen schon wesentlich weiter entwickelt war. Das könnte eine einfache Erklärung sein. Das Problem mit dieser einfachen Erklärung ist jedoch, dass wir nicht von einer sich schneller und besser entwickelnden Gruppe reden, sondern dass verteilt über den Erdball viele dieser sich besser entwickelnden, „schlaueren“ Stämme parallel entstanden sind. Es scheint doch mehr als unwahrscheinlich, dass sich in Peru, in Ägypten, in Japan, in der Türkei, in England, in Frankreich im Zweistromland aber auch in Südafrika, auf der Osterinsel etc. jeweils eine schlauere, besser entwickelte Art gegenüber dem Normalo-Ahn hervorgetan hat. Überall dort finden wir bewundernswerte Bauten, die wir als Nachkommen bestaunen, bei denen wir teils gar nicht nachvollziehen können, wie diese Artefakte mit den dieser Zeit zugeschriebenen primitiven Werkzeugen überhaupt gebaut und aufgestellt werden konnten. Es klingt nicht gerade nachvollziehbar, an allen dieser Orte unseren Ahnen eine sich schneller und besser entwickelte Variante seiner selbst zur Seite zu dichten.

Die Relativitätstheorie stimmt: es ist nicht weit, sondern spät

Natürlich stimmt Einsteins Relativitätstheorie, das werden alle mit der Theorie näher Befassten vorbehaltlos bestätigen. Die, oder besser: beide von Einstein postulierten Behauptungen zur Relativität sind mitunter verwirrend. Je mehr man zu diesem Thema liest, sich einarbeitet desto komplizierter, desto komplexer wird es. Eine Materie, die vermutlich einem Kreis Wissenschaftler vorbehalten ist, die über das nötige Rüstzeug zu diesem Thema verfügen und so Einsteins Theorien nachvollziehen können. Doch im Grunde kann man Einsteins Kernaussage ganz simpel zu einer einfachen Feststellung eindampfen: Alles ist relativ, alles steht zueinander in einem Verhältnis und je nach Blickwinkel, je nach Betrachtungsort verändert sich die Sichtweise. Das klingt so gar nicht nach Wissenschaft. Um dies zu verstehen, braucht es keinerlei Vorbildung etwa in Physik oder höherer Mathematik. Wir wollen die Theorie ja auch nicht nachvollziehbar und mathematisch begründen, wir glauben diesem Genie einfach, dass seine Annahmen stimmen. Zumindest im Kleinen klingt der theoretische Ansatz auch ganz glaubhaft. Für einen Dreijährigen ist die Tischoberfläche nicht nur über seinem Blickfeld, es sind die vielversprechenden Dinge darauf auch außerhalb seiner Reichweite. (Gott sei Dank, werden einige Eltern zustimmen, die mitunter für Kleinkinder gefährliche Gegenstände wie Messer oder teure Gläser auf dem Tisch und damit außerhalb der Reichweite des Dreikäsehochs platziert haben.) Mir wäre nicht bekannt, dass es Erwachsene gäbe, die diese Messer auf der Tischoberfläche oder die teuren Gläser ebenso, als unerreichbar bezeichnen würden. Der Umstand, die Sichtweise dieser Dinge und die damit verbundenen Möglichkeiten haben sich irgendwann im Zuge des Heranwachsens grundlegend verändert. Aus dem hohen Tisch wurde ein Tisch auf Augenhöhe und – sofern man von normalem Wuchs ist – zu etwas in etwa auf Gürtelhöhe. Ein einfaches Beispiel fürwahr, das gerade deshalb so gut geeignet ist, um komplizierte Theorien nachvollziehbar verständlich zu machen.

Natürlich geht es bei Einstein nicht um Tischoberflächen oder um irgendeine andere, sich im Laufe des Lebens verändernde Einschätzung, sondern er behauptet, dass Geschwindigkeit, Zeit und Raum ebenso in einem voneinander abhängigen Verhältnis stehen.

Betrachten wir ein anderes Beispiel. Am Sonntagmorgen wachen Sie auf und haben den unbändigen Appetit auf ein frisches Croissant. Die nächste am Sonntag offene Bäckerei ist aber gut vier Kilometer entfernt, was einen Fußmarsch von etwa einer Stunde ergibt. Viel zu weit, werden Sie denken und zähneknirschend auf das Croissant verzichten. Sie erachten vier Kilometer in Anbetracht der Stunde Fußweg für weit. Haben Sie die Option, zum Bäcker mit dem Fahrrad zu fahren, schrumpft in Ihrer Wahrnehmung der Weg auf vielleicht eine Viertelstunde oder mit dem Auto auf gerade einmal fünf Minuten. Nun ist es kein weiter Weg mehr, sondern ein kleiner Hüpfer. Offenbar ist für unsere Wahrnehmung die Zeit bis zum Erreichen eines Zieles sehr wesentlich für die Einschätzung der Entfernung, genauso wie die Geschwindigkeit eine Bedeutung für die absolute Erreichung des Ziels hat. Zeit ist deshalb ein wesentlicher Faktor, weil wir Menschen nur eine bestimmte Zeit für unser Leben zu Verfügung haben und dieses Leben jeden Tag mit einem Zeitraster hinterlegt wird. So bekommen wir ein bestimmtes Zeitgefühl, das uns mitteilt, eine Stunde zum Bäcker und noch eine Stunde zurück ist zu lang, nur um im Anschluss ein Croissant zu genießen. Interessant, aber nicht hier auszuführen, ist auch der Umstand, dass ein und dieselbe Stunde individuell je nach in dieser Zeit anstehender Tätigkeit als lang oder kurz empfunden werden kann. Eine Stunde im Vorraum eines Arztes warten ist lang, während eine Stunde Gambling an einer Solomaschine viel zu kurz erscheint.

In diesen Tagen hat eine weitere Erkundungssonde den Mars erreicht, ist darauf gelandet und sendet seither scharfe Bilder von der Oberfläche, bevor sich ein kleiner Helikopter an Bord erstmals in die dünne Mars-Atmosphäre aufmacht. Die Reise zu diesem Planeten war eine weite und lange. Dabei ist der Mars im Vergleich zu anderen Himmelskörpern nahe der Erde. Die nächstliegenden anderen Himmelskörper sind unvorstellbar weit von uns entfernt. Die Hinreise zu manchen würde die ganze Lebensspanne eines Menschen dauern. Das klingt nach weit, weil die Reisegeschwindigkeit mit den heutigen Mitteln bescheiden ist. Würden wir wesentlich schneller reisen können, könnte die eine oder andere Distanz zu solch einem Himmelskörper gar als kurz, als liegt in der Nachbarschaft, bezeichnet werden. Gleiches gilt, wenn unser Leben nicht maximal einhundert, sondern 100.000 Jahre dauern würde. Plötzlich würden wir solche Reisen als kurz, die Entfernungen als gering empfinden.

Schnell, der Vergangenheit nach

Alles, was das menschliche Auge sieht, ist eine Reflexion von Licht auf der Oberfläche verschiedenster Materialien. Wir sehen den Lack eines Autos, der blaues Licht reflektiert, das Grün der Blätter in Form von grünen Lichtstrahlen, das Beige des Sandes oder das Braun eines Holztisches. Wir sehen immer die von diesen Objekten reflektierten Lichtstrahlen, die unsere Augen auf der Retina einfangen und unser Gehirn zu dem Gegenstand, den wir wahrnehmen, zusammenträgt, einem Holztisch eben. Was aber passiert mit den reflektierten Lichtstrahlen, die nicht zufällig unsere Augen treffen und dort zu Gegenständen gedacht werden?

Diese Lichtreflexionen strahlen an uns vorbei in die Atmosphäre und in weiterer Folge in die vielleicht unendlichen Tiefen des Weltalls. Mit Lichtgeschwindigkeit saust der braune Lichtimpuls unseres Tisches an uns vorbei und entschwindet. Doch wohin, wie weit und wie lange? Die Überlegung, die sich hier anbietet, ist, dass dieser Braunimpuls des Tisches mit maximal Lichtgeschwindigkeit durch die Atmosphäre rast und dann durch die Weiten des Weltalls. Dort ist nichts, was seinen Impuls bremsen würde (Abgesehen davon, falls er den Weg eines Planten, Kometen oder was auch immer kreuzt) und der Lichtimpuls müsste bis in alle Ewigkeit seiner Richtung nachjagen. Wenn unser Tisch heute einen solchen Lichtimpuls aussendet, haben das die Tische vor tausend Jahren auch schon gemacht, vor zehntausend Jahren (falls es da schon Tische gab) und vor Millionen von Jahren die Dinosaurier. Deren Bild, das Abbild unserer Vorfahren vor zehntausend Jahren, vor tausend Jahren, jagt daher immer noch irgendwo da draußen durch das Weltall. Dieser Gedanke ist faszinierend. Das würde bedeuten: wenn wir diesen Lichtimpuls einholen könnten, würden wir den Tisch von vor tausend, vor zehntausend, würden wir den Dinosaurier von vor Millionen von Jahren sehen können. Und das Ganze wäre völlig ungefährlich. Das Paradoxon, das in unzähligen Filmen als Problem dargestellt wird, nämlich, dass jeder Eingriff in die Vergangenheit die Zukunft unwillkürlich beeinflusst, wäre nicht gegeben. Wir wären nur Beobachter, analog einer ausgestrahlten oder gestreamten Fernsehsendung, eines Youtube-Videos.

Die eigentliche Krux an der Sache ist die andernorts schon angeführte Relativität, die nicht nur besagt, dass die Dinge zueinander in Relation stehen, sondern zugleich, dass die Dinge in Wahrheit oft das Gleiche nur in einer anderen Form sind: Würden wir uns schneller als das Licht bewegen können, lösten sich unsere Bestandteile in Wellenform, in Energie, auf. Dies ist mitunter der Grund, warum nichts schneller als Licht sein kann, oder zumindest fast nichts, wie wir in dem Kapitel über verschränkte Teilchen gelesen haben. Nur ist leider ungewiss, auf welcher Basis die Verbindung dieser Teilchen zueinander beruht. Ist es eine Datenübermittlung schneller als das Licht oder findet erst gar keine Übermittlung statt, weil beide Teilchen eins sind? Völlig andere Wege eröffnet der Gedanke, anstatt das Licht überholen zu wollen, eine Abkürzung zu nehmen. Wissenschaftliche Berechnungen legen die Möglichkeit dar, dass sich der Raum krümmen lässt, wodurch sich zwei voneinander unendlich entfernte Punkte plötzlich in unmittelbarer Nachbarschaft befinden, ja beinahe ohne Wegstrecke erreichbar wären. Bei dieser Krümmung des Raumes werden die beiden Punkte auf zwei Ebenen aneinander geführt, sodass die Strecke von einem Punkt zum anderen nur das Durchstechen der Ebenen bedingt, schon erreicht man den zweiten Punkt, wie bei einer langen Holzlatte, an deren beiden Enden je ein Loch gebohrt wird. Der Abstand zwischen diesen Löchern ist die Länge der Holzlatte. Biegt man nun die Holzlatte um ihre Mitte, so kommen die beiden Löcher unmittelbar aufeinander zum Liegen und die Wegstrecke zwischen den beiden Löchern ist nur mehr die Dicke der Holzlatte. Da dieser Weg um so viel kürzer ist, könnte es so leichter gelingen, das Licht, das der Tisch vor tausend, vor zehntausend, der Dinosaurier vor Millionen Jahren ausgesandt hat, einzuholen, vielleicht sogar ohne Lichtgeschwindigkeit auch nur annähernd erreicht zu haben. Ein faszinierender Gedanke, denn mit der Krümmung des Raumes könnten wir erstmals in die Vergangenheit spähen und all die Theorien, die wir uns zur Erklärung derselben zurecht gelegt haben, unmittelbar nicht vor Ort, sondern vor Zeit hinterfragen. Dann wäre das Aussterben der Dinosaurier nicht mehr „theoretisch“ durch einen Meteorschauer geschehen, sondern ganz konkret beweisbar. So, wie viele andere Annahmen in unserer ferneren und jüngeren Geschichte auch.

ROM und nicht RAM

Manche werden sich noch an die ersten Entwicklungsschritte bei den Computern erinnern. Große, unhandliche Kisten, deren Leistungsvermögen aus heutiger Sicht unvorstellbar schlecht war. Damals gab es einen Chiphersteller, etwas später folgte diesem ein Konkurrent mit vergleichbaren Chips und eine Zeitlang trieben diese beiden die Entwicklung mehr oder weniger im Alleingang voran. Beide Hersteller setzten dabei auf die gleiche Technik, sodass hardwareseitig beide von der gleichen Basis ausgingen. Die Hardware beider Anbieter, denen später weitere folgte, hörte auf die sogenannte Maschinensprache, auf die später einfacher zu handelnde Programmiersprachen aufsetzten. Die Hardware hatte noch eine Eigenschaft, ganz unabhängig davon, ob es sich um Bürorechner, Spielecomputer oder besonders hilfreiche Taschenrechner handelte: die Rede ist von ROM und RAM. RAM, wie auch heute noch der Arbeitsspeicher bezeichnet wird, ist ein Speicher, der unterschiedliche Werte, Daten oder Programmschritte aufnehmen kann. ROM hingegen ist ein Speicher, in den Werte, Daten oder Programmschritte auf ewig unveränderlich eingebrannt sind. Diese kurze Ausführung in die noch junge Geschichte der Computer findet eine Art

Analogie in der schon sehr alten Geschichte der Menschheit. Man möchte glauben, über die hunderttausenden Jahre konnte sich der Mensch an die aktuellen Bedürfnisse anpassen, seine grundlegende Programmierung ändern. Doch weit gefehlt. Glauben wir unseren Forschern, dominieren in unseren Gehirnen immer noch die Programmierungen nicht unserer Ahnen, sondern die derer Vorfahren in Gestalt anderer Evolutionsstufen. Unser Gehirn reagiert auf unterschiedlichste Reize mit den gleichen Alarmzuständen wie vor hunderttausenden Jahren. Unsere Reflexe konnten seitens der Evolution nur oberflächlich umprogrammiert werden, aber die uralte, dem ROM der ersten PCs vergleichbaren Speicherriegel blieben dabei, auf Situationen wie eh und je zu reagieren. Angst, unabhängig, ob vor einer Klausur oder dem auf uns zu jagenden Löwen in der Steppe, löst die gleichen Reaktionen innerhalb unseres Körpers aus. Nicht, dass wir vor Klausuren auf Bäume flüchten würden oder die Füße in die Hand nehmen, wie das bei sich annähenden Löwen wohl angeraten ist, aber der Reflex, dies zu tun, ist nach wie vor in uns vorhanden. Wir übertünchen den Reflex, so er uns bewusst wird, mit unserem Verstand, der uns versichert, dass Flucht vor einer Klausur sinnlos ist. Moderne Computer verzichten auf diese ROMs, weil sie damit nicht flexibel, nicht genügend anpassbar sind, es sei denn, man lötet das ROM von der Platine und ersetzt es durch eine modernere Version. Das ist angesichts der Kurzlebigkeit dieser Maschinen und dem nötigen Aufwand sinnlos. Diese alten Geräte werden als Irrweg der Entwicklung entsorgt und durch grundlegend andere Modelle, mit variablem RAM ersetzt. Niemand weint diesen alten Modellen noch nach.

Das sollte uns, als Vertreter einer nachweislich nicht mehr ganz jungen Modellreihe, zu denken geben. Wenn es in hunderttausenden und mehr Jahren nicht gelungen ist, unsere Programmierung zu ändern, liegt der Schluss nahe, dass es sich um ROM handelt, die nicht veränderlich ist. Dessen bewusst steigt gerade, natürlich unterbewusst, die Angst hoch, sich mit Flucht über die Steppe oder in die Bäume vor einem möglichen neuen Modell, einer grundlegenden Neuentwicklung unserer Spezies in Sicherheit zu bringen. Andere, nicht wir, könnten die viel zitierte Krone der Schöpfung sein, moderner, besser und einfacher konfigurierbar ...

Geheimnisvolle, mythische Orte

An anderer Stelle dieses Büchleins erwähnten wir bereits jenen mythischen Ort, der mit Gewissheit am meisten Publikationen, Forschungen und Gedankenspiele provoziert hat, und dennoch bis in unsere Tage im Verborgenen blieb: Atlantis. Tatsächlich gibt es aber mindestens zwei weitere Orte, die in der Hitliste mythischer Orte ganz oben rangieren, die beide fast ähnlich viel Aufmerksamkeit in der Vergangenheit und Gegenwart auf sich zogen und doch letztendlich unentdeckt blieben. Der Name eines der Orte hat sogar Eingang in unseren Sprachgebrauch gefunden und steht für Überfluss, Reichtum, üppigste Ausstattung, unüberschaubare Menge, schlicht paradiesische Zustände: ein Eldorado. Der gleichnamige Ort Eldorado, vermutet wird er irgendwo in den südamerikanischen Urwäldern, ruft unweigerlich die fantastische Vorstellung einer glänzenden Stadt, eines Meisterwerks der Inkas oder derer verwandter Völker vor unserem geistigen Auge ab. Wir sehen Straßenschluchten aus weißem, glatt behauenem, feinem Stein mit goldenen Bordüren, Dächer, bedeckt mit dünnem Gold, Türrahmen mit Versalien besetzt oder gleich ganz und gar goldene Wände, Böden aus spiegelndem Silber, und dem vollkommenen Reichtum. Heerscharen mutiger Abenteurer, gesetzter Wissenschaftler und wohl auch unbedachter Hans Dampfe haben sich von den widrigen Bedingungen des Dschungeldickichts nicht abschrecken lassen. Viele ließen auf der ergebnislosen Suche ihr Leben, andere kehrten geläutert zurück und verwiesen die Existenz einer solchen Stadt in das Reich der Mythen und Fabeln. Diesem mythischen Ort, diesem Eldorado an Luxus, werden wir uns eventuell noch später zuwenden.

Nebst dem in aller Munde befindlichen Eldorado gibt es jedoch einen zweiten Ort, der zumindest in der Fachliteratur der ägyptischen Geschichte immer wieder auftaucht, und dieser Ort, der als das „Verschollene Labyrinth" bezeichnet werden kann, hat es in sich. Auch auf der Suche nach diesem Labyrinth sind unzählige Expeditionen in Ägypten gestartet und im Grunde ähnlich ergebnisoffen wie bei der Suche nach Eldorado gescheitert. Ergebnisoffen auch deshalb, weil es nach Meinung der Experten nicht nur ein verschollenes Labyrinth in Ägypten gab, sondern die Fachleute und Abenteurer wollen je an verschiedenen Orten diesen mythischen Ort entdeckt haben.

Sie haben noch nie von diesem mythischen Ort, dem verschollenen Labyrinth gehört? Nun, wir wissen, dass die Ägypter ein glückliches Händchen im Errichten von nachhaltigen Bauwerken hatten. Die Pyramiden und viele weitere großartige Bauten aus den Jahrtausenden vor Christi Geburt beeindrucken uns bis heute. Jeder, der sich vor Ort einem dieser Bauwerke gegenüber fand, wird dies bestätigen. Aber von dem verschollenen Labyrinth ist vor Ort, abgesehen von einigen Blechschildern, die das angebliche Labyrinth verorten, nichts zu sehen. Das ist mehr als bedauerlich, soll dieses Labyrinth, und jetzt wird die Sache interessant, doch die Pyramiden an Baukunst locker in den Schatten gestellt haben. Wir können in der Beschreibung des Labyrinths von einem künstlichen See mit einer Uferlänge von sage und schreibe 640 Kilometern lesen. Gespeist wurde der See aus einem Kanal, der ihn mit dem Nil verband. Dieser sogar schiffbare See, aus dessen Mitte zwei Pyramiden, verziert mit hoch aufragenden Statuen, ragten, reichte unmittelbar an das vorgenannte Labyrinth heran. Ein Labyrinth, umgeben von einer durchgängigen Mauer, das in seinem Inneren tausendfünfhundert getrennte Räume oberhalb und ebenso tausendfünfhundert Räume unterhalb des Erdbodens beherbergte. Große Räume, die begehbar waren, deren Wände mit glatt behauenem Granit bedeckt und deren Decke von Säulen getragen wurde. Stufen, bis zu neunzig Stück, führten in die Räume hinab, die untereinander mit verwinkelten Gängen, eben gleich einem Labyrinth, verbunden waren. Nichts annähernd dieser Beschreibung Entsprechendes konnte bislang in Ägypten entdeckt werden. Die bisherigen Lokalisierungen des verschollenen Labyrinths entpuppen sich allesamt als Notlügen, um nicht das Eingeständnis der vergeblichen Suche machen zu müssen. Irgendwo in der sandigen Weite Ägyptens, nahe dem Moeris-See, nördlich der Stadt Memphis, wartet dieser mythische Ort, der in unzähligen Geschichtsschreibungen ausführlich beschrieben wurde, immer noch auf seine Entdeckung.

Schlampiges Gehirn

Das menschliche Gehirn kann selbst im Verhältnis zu modernsten Computern immer noch wesentlich mehr Rechenleistung aufweisen. Diese Erkenntnis bezieht sich allerdings auf das jeweilige Ergebnis und weniger auf die eigentliche Rechenleistung. Damit unser Gehirn manche Ergebnisse so rasch, manche Dinge so leicht liefern und feststellen kann und sich bei bestimmten Dingen so gar nicht aus der Ruhe bringen lässt, schwört unser Gehirn auf verschiedene Tugenden. Es vereinfacht die Wahrnehmung, es setzt auf Schlamperei. Das klingt im Zusammenhang mit Rechenleistung mehr als nur eigenartig und doch ist es eines der Geheimnisse unseres Gehirns. Während ein Rechner bislang keine Wahlmöglichkeit kennt, als alle Details sorgsam in seine Berechnungen einzuschließen, bildlich gesprochen jedes Komma und auch die dahinterliegenden Zahlen berücksichtigt, versteht es unser Gehirn bestens, mit Näherungswerten, Wahrscheinlichkeiten, Erfahrungen zu hantieren und so den Rechenweg dramatisch zu verkürzen. Als Rechenweg ist dabei nicht die klassische Addition, Multiplikation, Subtraktion oder Division gemeint. Es geht vielmehr um den Rechenweg einer Auswertung, zum Beispiel eines Bildes. In Millisekunden erkennt unser Gehirn den darauf abgebildeten Gegenstand, eine Person. Dabei erfasst unser Gehirn nicht das Bild als Ganzes, sondern hakt wie bei einer Checkliste zuerst grob ab, was auf dem Bild zu sehen sein könnte: ein Gegenstand, eine Person, bekannt, unbekannt,bis am Ende dieser Checkliste die Auswahl des Gesehenen so stark eingegrenzt ist, dass nur mehr wenige in unserem Gehirn abgelegte Bilder diesen Kriterien entsprechen. Diese wenigen Bilder werden mit dem Gesehenen verglichen und, voila, die Person auf dem Bild ist als Onkel Hubert identifiziert. Eine Auswertung, die darauf beruht, dass die Wahrnehmung äußerst schlampig vor sich geht. Eine Person, ja, Haare, ja, männlich, ja, alt, ja, und so weiter. Für diesen einfachen Check ist die von den Augen gelieferte Information über die Frisur des Bildes egal, irrelevant, wird primär vom Gehirn nicht ausgewertet, ebenso ist die Haltung der Person unwichtig, und so weiter. Das funktioniert nach dem gleichen Prinzip mit Formen, die wir zu erkennen glauben. Betrachten wir eine Felswand, glauben wir nicht selten ein Gesicht oder eine andere bekannte Form zu entdecken. Weil in der ersten Betrachtungsmillisekunde unser Gehirn das Gesehene nur schlampig wahrnimmt, und gleich diese Wahrnehmung mit den bei uns im Gedächtnis hinterlegten Bildern abgleicht. Erst in der zweiten Millisekunde wird klar, ist ja bloß eine

Felswand, die einem Gesicht, einer Form ähnelt. Unser Gehirn beherrscht den Trick der Schlampigkeit, dieser Form der Annäherung an das Ergebnis mit beeindruckender Sicherheit und wird auf diesem Gebiet wohl in ein paar Jährchen den Maschinen gegenüber im Vorteil sein. Längst haben die Programmierer moderner KIs diesen Trick übernommen und versuchen diese Schlampigkeit in der digitalen Welt der Nullen und Einsen zu simulieren. Dass dies nicht ganz einfach ist, liegt auf der Hand, denn um das bestmöglich umzusetzen, müsste die Welt der Programme und künstlichen Maschinen den Unterscheid zwischen eins und null variabel gestalten. Eins kann null sein, oder vielleicht auch umgekehrt. Dass Schlampigkeit hier eine Tugend ist, sollte sich wohl besser nicht unter Schülern herumsprechen, denn sonst würde bald die Ausrede gelten, dass fehlerhafte Klausuren Zeugnis besonderer kognitiver Fähigkeiten sind.

Erinnerungen aktualisieren

An anderer Stelle haben wir uns mit dem subjektiven Alter auseinandergesetzt. Ein Aspekt des Umstandes, dass wir unser eigenes Altern anders als unser Gegenüber wahrnehmen, hängt mit zwei Dingen zusammen, die hier aufgeführt werden sollen und eng miteinander verknüpft sind: die Schlampigkeit unseres Gehirns und die statische Erinnerung. Der erste Einfluss, nämlich die Schlampigkeit unseres Gehirns wirkt sich auf eine sehr einfache Art und Weise auf unser selbst empfundenes Alter aus. Dinge und Personen, die wir tagtäglich zu Gesicht bekommen, verändern sich wie alles im Laufe der Zeit. Oberflächen werden schmutzig, bekommen Risse, Farben verblassen, Menschen bekommen Falten, graue Haare etc. Wenn sich diese exemplarisch genannten Änderungen vor unseren Augen abspielen, sozusagen schleichend, hält es unser Gehirn offenbar nicht für notwendig, diese geringfügigen Änderung im eigentlichen Wortsinn wahrzunehmen. Jeder kennt das. Wird auf einem Teppich etwas verschüttet, schlägt unser Gehirn sofort Alarm, denn der Rotwein auf dem hellen Teppich ist mehr als nur eine schleichende Veränderung, das ist Alarmstufe rot. Wir stellen sofort das Glas auf, sausen los, um die Krise schnellstmöglich mit saugenden Tüchern einzudämmen, und bedanken uns bei dem lieben Gast, der das Gas umgestoßen hat, auf nette oder weniger nette Art. Wenn der gleiche Teppich im Laufe der Jahre aber seine ursprüngliche Farbe verbleichen lässt und täglich durch immer mehr eingetragenen Schmutz ganz allmählich eine andere Farbe annimmt, so findet das Gehirn diese Veränderung für eine ganz lange Zeit nicht erwähnens- nicht bemerkenswert. Bis uns irgendwann vielleicht ein Gast anspricht und fragt, ob der graue Teppich denn neu sei und warum wir den weißen entfernt hätten. So geht es uns auch mit den Falten unseres Gegenübers, mit dessen grauen Haaren. Wir sehen die schleichende Veränderung der uns stets umgebenden Menschen zwar, nehmen sie aber nicht wirklich wahr, bis eben wieder jener nette Gast on vorhin vorbeikommt und fragt, ob dieser oder jener etwa krank gewesen sei, weil er oder sie schlecht aussieht. Das ist dann der Aha-Moment, wo unser Gehirn die schleichende Veränderung registriert und in unserem Speicher ein neues Bild unseres Gegenübers oder auch von uns selbst im Spiegel ablegt. Selbst merken wir die Veränderung am deutlichsten dann, wenn jemand aus unserem Umfeld beispielsweise beschließt, ein Auslandssemester anzutreten. Wenn wir über längere Zeit diese Person nicht sehen, staunt unser Gehirn bei dessen Rückkehr darüber, wie sehr sich diese Person verändert hat. Das ist nicht auf vielleicht eine neue Frisur bezogen, die der Friseur im Ausland empfohlen hat, sondern das ist auf die Person selbst bezogen. Enkelkinder sind „groß geworden“ Großeltern sind „alt“ geworden. Wir kennend diese Sprüche, aber diese entstehen nur durch die zeitliche Absenz und ganz selten durch die morgendliche Selbsterkenntnis im Spiegel: „Oh Gott, was sind das für Falten.“

Noch einen Streich spielt uns das Gehirn, womit wir bei der zweiten Besonderheit wären, die artverwandt ist mit der ersten. Unser Gehirn legt Bilder von uns bekannten Menschen in seinen Speicher ab. Dort können sie je nach Intensität der Begegnung jahrzehntelang abgelegt bleiben. Dann begegnen sie zum Beispiel bei einem Spaziergang jemandem, den sie zu kennen glauben. Der sieht doch aus wie ... Ist das nicht ...? Dabei vergleicht das Gehirn die abgelegte Bildperson ihrer Bekanntschaft, vergisst aber, das Bild altern zu lassen. Wenn Sie vor zwanzig Jahren den Onkel Hubert zum letzten Mal gesehen haben und nun zufällig jemanden sehen, der exakt wie Onkel Hubert aussieht, dann können Sie sicher sein, dass er es nicht ist. Ihr Gehirn legt über die von Ihnen gesehene Person das in Ihrem Gehirn gespeicherte Bild ihres Onkel Hubert von vor zwanzig Jahren.

Der Fehler, den sich ihr Gehirn leistet, ist, dass sämtliche in unserem Gehirn gespeicherten Informationen nicht mitgealtert werden. In Ihrem Gehirn ist Onkel Hubert knackige zwanzig Jahre jünger und beim ersten optischen Abgleich war das Gehirn wieder schlampig. Die Information, hey, das ist Onkel Hubert, muss erst in einem zweiten Schritt vom Gehirn rational gealtert werden: Nein, das kann nicht Onkel Hubert sein, der müsste ja inzwischen 85 Jahre alt sein.

Wie oft bin ich schon tot

Was gibt es Schöneres, als an einem lauen Frühlingsnachmittag einen kleinen Waldlauf zu absolvieren? Die Gedanken befreien sich, genauso wie die zuvor genossene üppige Tortenschnitte von Oma Klara, die den Frühlingsnachmittag für einen Überraschungsbesuch genutzt hatte. Wenn der Kaffee getrunken, die Torte und vielleicht sogar noch ein Nachschlagstück verspeist ist und das Gespräch zum vierten Mal um die gleiche Geschichte aus Oma Klaras Jugend kreist, dann ist der richtige Zeitpunkt, um einen Waldlauf so richtig zu genießen. Schließlich soll sich das Tortenstück doch nicht auf der Hüfte oder am Bauch verewigen, denn wer will sich wegen so eines ollen Kaffeenachmittags schon die drahtige Figur zerstören lassen? Also flugs in die Laufhose geschlüpft, die Sportuhr umgeschnallt, die erbarmungslos jeden Schritt, jeden Pulsschlag und natürlich auch die Höhenmeter mit misst. Und weil es an diesem lauen Frühlingsnachmittag eben leider doch zwei Tortenstücke waren und im Hinterkopf bewusst ist, dass die Uhr kein Erbarmen kennt und am Ende des Weges nicht nur die Strecke, sondern gemeinerweise auch die verbrauchten Kalorien ausweist, beschließt man kurzerhand von der normalen, gewohnten Laufroute abzuweichen und quasi als Fleißaufgabe den kleinen Hügel, der sich hinter dem Bächlein erstreckt, an dem man sonst entlangläuft, noch mit in die Route zu nehmen. Natürlich läuft es sich, trotz Sonnenschein, warmer Temperatur mit frischem Wind und guter Laune anfangs etwas träge, schließlich ist weder der Kaffee noch die ihm gefolgte Weinschorle Kraftnahrung für einen Läufer und es gilt obendrein noch das Zusatzgewicht der beiden Tortenstücke in Schwung zu bringen. Wie heißt es so schön, der Geist obsiegt über den Körper oder wo ein Wille, da ein Weg. Also gibt das Gehirn mehr oder weniger wider besseres Wissen oder wider den Vorzeichen die Order auf Vollgas. Der schöne, laue Frühlingsnachmittag mutiert zur Kampfzone, das Herz schlägt bis zum Hals, die Lungenflügel machen ihrem Namen alle Ehre und scheinen zu rotieren und dennoch kommt oben, dort, wo vor einer Stunde die Torte hinein verschwand nur ein klägliches, japsendes Hecheln an. Mit zunehmender Steigung des Extrahügels wird das Hecheln hektischer, der Herzmuskel schickt sich an, bei seinem Schlag an der Unterseite des Kehlkopfes anzustoßen. Doch wie war das: Wo ein Wille, da ein Weg. Oder eben ein Herzstillstand. Ein stechender Schmerz im Arm, in der Brust, und das System Körper kollabiert, weil der Wille allein nicht ausreicht, wenn der Motor überdreht. Das wars dann, diese beiden Tortenstücke waren die letzten, die vierte Wiederholung Oma Klaras Erzählung die letzte Erinnerung, mit der man sich aufmacht, die letzte Reise anzutreten. Glücklicherweise haben andere, vernünftige Spaziergänger, die ihre Kondition besser einzuschätzen wissen, das Taumeln mit angesehen, sind zu Hilfe geeilt, haben ob des leblosen Läufers den Notruf gewählt, um dann mehr oder weniger hilflos auf dessen Eintreffen zu warten. Fünfzehn Minuten später stellt der herbeigeeilte Notarzt das unwiederbringliche Ableben fest. Todesursache Herzinfarkt oder umgangssprachlich: Tortenstück. Der Leichenwagen sammelt Sie ein, Ihre Frau und die Kinder, die aus dem fernen Studiumsort anreisen, umstehen Ihren in der Kirche aufgebahrten Sarg und auch die Kollegen aus dem Büro, die hinter Ihrem Rücken die eigenartigsten Geschichten verbreitet haben, stehen wie selbstverständlich in den ersten Kirchenbänken und betrauern Sie als guten Kollegen und Freund. Was wäre nun aber, wenn Sie Ihren Herzinfarkt gar nicht bemerkt hätten? Sie sind einfach weitergelaufen, während hinter Ihnen, für Sie unsichtbar, Ihr Körper samt einer Kopie Ihres Ichs zusammengebrochen ist, hinter Ihnen gestorben wäre. Sie laufen gänzlich unbehelligt weiter, denn: „was man nicht weiß, macht einen nicht heiß“, um wieder etwas umgangssprachlich zu zitieren. Sie laufen Ihre Runde fertig, freuen sich über den Extrahügel, den Sie bewerkstelligt haben und kehren wohlbehalten zu Ihrer Familie und am nächsten Werktag zu Ihren lästerlichen Kollegen zurück. Unmöglich? Wer sagt Ihnen das? Wer sagt Ihnen, dass Ihr Ich im Moment des Sterbens in der einen Welt, mit allen dortigen Konsequenzen, nicht in der anderen Welt völlig unbehelligt weitergelebt hat? Keines der dann getrennten Ichs weiß vom Fortgang der Geschichte in der Alternativwelt, genauso wenig wie alle dort Existierenden. Eine faszinierende Vorstellung, die man am besten nachvollziehen kann, wenn man schon einmal ein Computerspiel gespielt hat. Dort hat man eine bestimmte Anzahl an Leben. Die Geschichte in dem Spiel wiederholt sich immer und immer wieder, aber die Spielfigur, mit der man gerade spielt, hat mit Sicherheit keine Ahnung, dass zehn Minuten davor ihre eins-zu-eins-Kopie von jenem Faser zerteilt wurde, dem Sie jetzt gerade durch ein geschicktes Manöver mit dem Joystick entkamen. Der einzige Unterschied zu unserem lebensnahen Beispiel wäre der Zeitfaktor: Ihre Spielfigur lebt und stirbt zeitlich hintereinander, unser hechelnder und dann strauchelnder Läufer und alles und alle ihn Umgebenden leben x-fach parallel.

Exzellenz

Exzellenz, die Eigenschaft in einer bestimmten Disziplin alle anderen auszustechen, sie zu übertrumpfen, mit der besseren Marke zu glänzen, das ist Exzellenz. Die Evolution hat Jahrmillionen darauf hingearbeitet, um in unterschiedlichsten Disziplinen eine solche Exzellenz zu entwickeln, angepasst an die jeweiligen Umweltbedingungen haben sich Millionen von Spezies entwickelt, die allesamt unterschiedlicher nicht sein könnten, doch eines haben alle gemeinsam, denn sonst hätte die Evolution sie längst dahingerafft: eine Exzellenz in einem bestimmten, oft nur schmalen Bereich, die aber ausreicht, um mittels dieser Exzellenz zu überleben, sich gegenüber der Konkurrenz behaupten zu können, sich dem Aussterben und damit dem Versinken in der bedeutungslosen Vergangenheit zu widersetzen. So breit sich die verschiedenen Arten in Laufe der Jahrmillionen auch entwickelt haben, so breit sind auch deren Meisterleistungen gestreut. Wir Menschen kommen dabei im Grunde denkbar schlecht weg. Wir haben weder die besten Augen noch die besten Ohren, wir können bestenfalls mittelmäßig gut riechen. Unser Körper friert, wenn es kalt ist, er schwitzt und schwächelt bei Hitze. Unser Nahrungsverwertungssystem ist ein mehr schlechter als rechter Energieumsetzer und auf die Haltbarkeit unserer Körper brauchen wir weder nach Jahren noch in Hinblick auf Belastungen stolz zu sein. Wir laufen langsam, ermüden schnell, schaffen mit Kraft nur den Bruchteil dessen zu bewegen, was andere Evolutionskreaturen stemmen können. Kurzum, wir sind von minderer Qualität und nennen uns doch die Krone der Schöpfung. Das mag angesichts der voranstehenden Ausführungen vermessen klingen, es ergibt aber angesichts unserer heutigen Position im Rahmen der Evolution durchaus die berechtigte Hoffnung, dass wir zumindest aktuell aufgrund unseres IQs so etwas wie der Spitzenreiter sein könnten. (Manche von uns sollten wir an dieser Stelle stillschweigend ausklammern und ihnen als Irrläufer der Evolution keine weitere Aufmerksamkeit schenken). Die Frage, wenn wir doch so oft nur als zweiter oder gar noch weiter hinten gereiht werden, ist: Warum hat die Evolution all ihre so hervorragenden Entwicklungen nicht in einem einzigen Geschöpf gebündelt? Was macht es für einen Sinn, hochkomplexe Exzellenzen zu entwickeln, wenn im gleichen Geschöpf anderes nur rudimentär entwickelt wurde? Wenn wir uns umsehen und dank unseres hervorragenden IQs dies genauer hinterfragen, gibt es am Ende nur einen Schluss: Die Evolution ist nichts anderes als ein

Baukasten, ein Entwicklungslabor, eine Versuchsumgebung, um genau das hervorzubringen, was sie hervorbrachte: unterschiedlichste Exzellenzen, deren Funktionalität getestet, erprobt wurde, an deren Funktionen bis ins kleinste Detail gefeilt, die verworfen und neu gestaltet wurden, bis jede für sich als Unikat in ihrem Gebiet das Beste darstellt. Diese Exzellenzen sind in handlicher DNA gespeichert, wie bereitgelegte Bausteine in einer Klemmbausteinschachtel, derer sich ein jedweder Bauherr oder der Eigentümer des Versuchslabors nun frei nach Lust und Laune bedienen kann. Wenn dem so ist, dann ist der Mensch nicht die Krone irgendeiner Schöpfung, sondern liefert mit dem IQ nur einen kleinen Baustein für ein DNA-Wunderwerk, zusammengefügt aus den stärksten, schnellsten Muskeln und Skeletten, mit adlerscharfen Augen, einem Riechvermögen gleich dem von Hunden, Hörorganen wie dem von Fledermäusen und selbstverständlich ist das nur die Spitze des Eisberges: Die Gliedmaßen regenerieren sich bei Verletzungen, die Haut kann sich nach Belieben verfärben, die Lunge braucht stundenlang keinen frischen Sauerstoff, Gifte können nichts ausrichten und als Nahrung dient problemlos alles organische. Die Liste der Superlative anderer Evolutionskreaturen lässt sich annähernd endlos ausdehnen und schnell wird klar, diese Zutaten sind für die wahre Krone der Schöpfung entwickelt worden.

ALS-krank

Intelligent Design ist eine in Bezug auf die Evolution immer wieder diskutierte Möglichkeit, quasi ein Gegenentwurf. Stellen wir uns also die Frage, ob es nicht einen Ansatzpunkt gibt, der der Idee des Intelligent Designs als Motor für die Entwicklung des modernen Menschen Rückenwind verleihen könnte. Hierzu wechseln wir den Schauplatz in die Gegenwart, weit weg von Evolution, weit weg von den in der tradierten Geschichte verankerten Meilensteinen der menschlichen Entwicklung. Schon bis jetzt wurden alle möglichen Argumente für und wider die Variante des intelligenten Designs anhand verschiedenster Sachumstände und Fakten Pro und Contra diskutiert. Bereits 2002 ist in der Medizin zur Überraschung der Gesundheitsapostel, die uns lehren, dass Sport gesund ist, eine besondere Krankheitsform aufgetaucht, deren Existenz Anfang 2021 wieder durch den Fachblätterwald rauschte: Amyotophe Lateralsklerose, kurz ALS. Die amyotrophische Lateralsklerose gehört zur Gruppe der Motoneuron-Krankheiten und ist eine nicht heilbare, degenerative Erkrankung des motorischen Nervensystems. Noch sind weder die Auslöser der Krankheit noch ihre verschiedenen Ausprägungsstufen ausreichend erforscht. Es scheint eine Art genetische

Programmierung für die Anfälligkeit in Bezug auf den Ausbruch dieser Krankheit zu geben. Sie ist vererbbar, daher gibt es regionale Konzentrationen dieser Krankheit, die sich aus verwandtschaftlichen Nahebeziehungen großer, aber miteinander verwandter Personengruppen in einem regional begrenzten Gebiet erklären lassen. Die Krankheit ALS kann verhältnismäßig rasch, nämlich innerhalb von vier bis fünf Jahren, zum Tod der erkrankten Person, herbeigeführt durch Atemlähmung, führen. Es gib aber auch Fälle, wo Patienten zehn oder auch mehr Jahre mit dieser dann langsam fortschreitenden Krankheit überleben konnten. Interessant für die Betrachtung im Zusammenhang mit ID ist die Erkenntnis aus dem Jahre 2002, wonach ein besonders hoher Anteil der betroffenen Patienten ein sehr sportliches Leben führte. Die Studienergebnisse legen nahe, dass häufiger Sport, regelmäßiges Training bei entsprechend genetisch veranlagten Menschen überproportional häufig zum Ausbruch dieser Krankheit führt. Wir wollen aus dieser Erkenntnis nicht den falschen Rückschluss ziehen, der Winston Churchill gerne in den Mund gelegt wird: Sport ist Mord. Zum einen, was die Zitierer offensichtlich nicht wissen, bezog sich Churchills Äußerung auf den Mord bei Jagdsport an Tieren und zum anderen ist ein sportlicher Lebensstil immer noch gesünder als Hardcorecouching und Bingewatching zweifelhafter Serien.

Drehen wir nun das Rad der Zeit hingegen zurück, wodurch sich die Zahl der für ALS Anfälligen aufgrund der geringeren genetischen Diversifikation dramatisch erhöhen könnte, dann dürfen wir auch von häufigeren ALS-Toten, und zwar schon in jüngeren Jahren als ab 50 wie heutzutage, ausgehen. Was war denn bei unseren Vorfahren der Sport? Richtig, es gab nicht Sport im Sinne der Unterhaltung oder Ertüchtigung, sondern der Sport unserer Vorfahren war die Jagd nach Essen, war die Jagd nach Fleisch. Hat das häufige Auftreten von ALS bei unseren Vorfahren dazu geführt, dass die Jagd zugunsten der Sesshaftigkeit mehr und mehr verdrängt wurde? War es dieser genetische Code, der über dem Umweg der Krankheit ALS unsere Vorfahren gezwungen hat, mehr und mehr von der körperlich fordernden Jagd abzulassen und sich dem sicher auch anstrengenden Farmerdasein zu verschreiben? War ALS der programmierte Weg des Menschen vom durch die Wälder hetzenden Jäger hin zum sesshaften Landbesteller, weil den Jägern zunehmend ALS zum Fallstrick wurde?

Ohne Anfang und Ziel

Woher kommen wir, die Menschen, und wohin gehen wir, was ist die Perspektive, das Ziel, das die Menschheit zu erreichen trachten soll? Gibt es ein Ziel und, wenn ja, wer bestimmt dieses, wer legt es als Ziel fest und gibt vor, bis wann und allenfalls, wie es zu erreichen sei? Eine Frage, die sich für jeden einzelnen Menschen ebenfalls stellt und damit ist nicht das biologische „woher komme ich" und „wohin gehe ich" gemeint, sondern um es mit einem Wort zusammenzufassen, der Odem jedes Einzelnen, woher kommt dieser Odem und was passiert mit diesem nach dem biologischen Ende? Ist es diese Unbestimmtheit, die die Menschheit aktuell taumeln lässt? Ein Virus, dessen Existenz unbestreitbar ist, führte zu einem Taumeln der Menschheit, wie es zuvor zumindest in der modernen Welt noch nie zu beobachten war. Dabei soll hier nicht über das Virus philosophiert werden. Es gibt das Virus, die Wissenschaft hat sich redlich und auch rasch bemüht, eine Impfung und Medikamente zu entwickeln und auf den Markt zu bringen. Es steht hier nicht zur Diskussion, ob und wie gefährlich das Corona-Virus ist, es ist für unsere Überlegungen irrelevant, ob es natürlich entstanden ist, ob es gebaut wurde, ob es irgendwo entwichen ist oder gar bewusst in die

Freiheit und damit auf die Menschen losgesandt wurde. Noch nie, und das ist in den Archiven der Menschheit nachzulesen, haben sich um ein Faktum derart viele Verschwörungstheorien wie um dieses Virus und letztlich auch um die Maßnahmen zur Bekämpfung und Eindämmung sowie die Impfung entwickelt wie um COVID. Jedem sei zu dem Virus und zu den damit entstandenen Maßnahmen seine eigene Meinung und Herangehensweise gestattet und jeder möge die Ideen und Meinungen des anderen für Humbug oder für bahre Münze nehmen. In jedem Fall fest steht: Das Virus ist existent und löst ein Krankheitsbild aus, zumindest bei den meisten. Richtig erscheint auch, jeden Menschen das Virus so handhaben zu lassen, wie er oder sie das für richtig hält: Man mag sich impfen oder dies aus bestimmten Gründen nicht wagen (egal ob die Gründe nachvollziehbar sind oder sich wie ein Orakelspruch des Delphischen Orakels lesen). Basis für den persönlichen Umgang mit dem Virus möge ein Grundsatz im Eigentumsrecht sein. Dort ist festgelegt, dass jeder und jede sein Eigentum im dem Maße nutzen können soll, dass er damit die Rechte eines Dritten nicht beschneidet. Ein kluger Ansatz der umgelegt auf die Virusdiskussionen bedeuten könnte: Ob man sich impfen lässt, ob man sich in Quarantäne begibt, gründet in der Selbstverantwortung. Bin ich nicht geimpft, muss ich mich in der Gesellschaft zurücknehmen, da ich ein Unsicherheitsfaktor in Bezug auf Übertragung und Ansteckung bin. Bin ich positiv, ergibt sich aus gleicher Überlegung meine selbst gewählte Quarantäne, um andere in ihren Rechten durch meine Gefährdung nicht zu beschneiden. So weit, so eigentlich einfach. Die Frage, die sich aufdrängt, ist, warum dieses Virus die Gesellschaft derartig in Wanken bringt, warum sich eine solche Vielzahl an Verschwörungstheorien rund um das Virus entspinnen konnten, warum ein winzig kleines Virus es schafft, Regierungen und gewachsene Gesellschaftsstrukturen binnen weniger Monate in Frage zu stellen. Die aktuelle Technik mit den noch jungen digitalen Verbreitungsmöglichkeiten bietet ein passables Fundament für die breite Streuung jedweder Gerüchte und doch – immerhin ist die digitale Technik nicht mehr so jung – ist die Frage gestattet, warum bricht die Verschwörungsflut so über die Menschheit herein? Die Antwort verbirgt sich in der Einleitung zu diesem Kapitel. Wir steuern als Menschheit ziellos vor uns hin, damit fehlen klare Konturen unserer Aufgabe als Gemeinschaft, ebenso wie für jeden Einzelnen. Ohne Anfang, ohne Herkunft, ohne Zielsetzung und Perspektive für die Gemeinschaft oder den Odem jedes Einzelnen von uns sind wir ein zur Aussaat vorbereiteter Acker mit den für die Samen bereitstehenden Furchen, in die – unterschiedlich motiviert – Theorien eingestreut werden, die nahezu sofort zu keimen beginnen. Es ist der Kampf um das Feld, um in diesem Bild zu bleiben, weil am Feldrand kein Hinweisschild steht, welche Sorte auf diesen Ackerkrumen auf Aufzucht wartet. Es wurde vergessen, die Bestellung des Feldes klar zu planen.

143 Flugobjekte

143 nicht identifizierbare Flugobjekte wurden von militärischen Einrichtungen der USA registriert. So ist es nachzulesen in einem Untersuchungsbericht, der seitens der untersuchenden Behörden den Senatoren Mitte 2021 zur Kenntnisnahme vorgelegt wurden. Hinter dem Auftrag, diesen Sichtungen nachzugehen, stand die Furcht, diese Sichtungen könnten Objekte ausländischer Militärnationen sein, die mehr oder weniger unerkannt die Vereinigten Staaten ausspionieren würden. Entsprechend dieser Fragestellung tat die untersuchende Behörde alles in ihrer Macht Stehende und unter Ausschöpfung der ihr zur Verfügung stehenden Techniken, diese Sichtungen einzuordnen. Sichtungen, die – und das ist der gemeinsame Fixpunkt – allesamt aufgezeichnet und daher unbestreitbar stattgefunden hatten. Der Bericht enthält Erklärungsversuche ebenso wie den Hinweis darauf, dass bei diesen Sichtungen die schlussendlich geforderte Erklärung nicht erbracht werden konnte. 143 unidentifizierte Flugobjekt, die, zur Beruhigung der Senatoren aber auch keine Hinweise auf militärische Entwicklungen anderer Militärmächte gaben. Was aber waren denn nun diese 143 Objekte denn dann? Der Bericht enthält sich ganz bewusst jeglicher Spekulation und sucht die Erklärung in banalen Antworten. Eine Taube

vielleicht, ein Wetterballon, eine optische Täuschung und so weiter. Diese banalen Erklärungsversuche klammern die Wahrnehmungen der Personen, die die Objekte gesehen hatten - zumeist Piloten - aus. Diese sprechen von großen und kleinen Objekten, um ein Vielfaches Größer, als dies das größte irdische Federvieh, der Vogel Strauß, werden könnte, der zudem nicht flugtauglich ist. Die Piloten beschreiben Objekte unterschiedlichster Formgebung, von länglichen Zylindern, runden, ballonartigen Objekten bis hin zu Objekten, deren Umrisse wahlweise aufgrund von deren Geschwindigkeit oder Leuchtkraft nicht genau wahrgenommen werden konnten. Die Flugkörper verharrten regungslos in der Luft, um im nächsten Moment mit nach aktuellem Stand der Technik unmöglicher Geschwindigkeit nach unten, oben oder seitwärts auszubrechen und ebenso unvermittelt wieder anzuhalten. Die Aussagen der Beobachter decken sich in vielen Fällen in Hinsicht auf physisch unmögliche Flugmanöver und Fluggeschwindigkeiten. Keine Taube, kein Vogel Strauß, aber ob dessen auch kein anderes technisches Wunderwerk aus den geheimen Bastelstuben der Militärs vermag diese Haken, Sink- und Steigflüge in diesen Geschwindigkeiten nachzuahmen. Mit den übereinstimmenden Berichten dieser Fähigkeiten schiebt sich auch die Variante der optischen Täuschung aus dem Reigen einer möglichen Erklärung: optische Phänomene kreieren keine sich derart bewegenden Objekte. Am Ende des Tages bleiben 143 nicht erklärbare Flugbewegungen über unseren Köpfen, die aus oben genannter Furcht mit einer sehr eng begrenzten Fragestellung hinterfragt wurden. Amerika ist das Land der unbegrenzten Freiheiten, der unmöglichen Dinge, so kennen wir es, aber es ist zugleich auch das Land mit einem tief verwurzelten Glauben, einer in der Bevölkerung breit verankerten Kirche, wenn auch unterschiedlichster Prägung. Vor diesen Hintergrund wird klar, warum die Behörden eifrig ermittelten, modernste Techniken an den Start brachten, um die 143 Objekte zu hinterfragen und sich in diesen Fällen aber der Unerklärlichkeit geschlagen geben mussten. Die Folgefrage, was diese Objekte denn dann sonst waren, diese Folgefrage wollte und durfte sich die ermittelnde Behörde aufgrund der Volksnähe zu den Kirchen nicht stellen. Denn jeder weitere Erklärungsversuch hätte unweigerlich die Dogmen der Kirche, die Stellung des Menschen als Krone in der Schöpfung in Frage gestellt. Denn wenn nicht unser kluger Geist diese 143 Objekte auf ihre Reise schickte, die erfahrenen Piloten der Militärs narrte, welche alternative Krone der Schöpfung war es denn dann sonst, die uns hier einen Einblick in ihre Überlegenheit gewährte?

Die Annahme, unsere Wahrnehmung sei die Realität, bestärkt diese unendlich.